Martin Warnke

*Schütteln Sie den Vasari …*

Kunsthistorische Profile

*Für Freya*

Martin Warnke

# *Schütteln Sie den Vasari …*
# Kunsthistorische Profile

Mit einem Essay
von Horst Bredekamp

Herausgegeben
von Matthias Bormuth

WALLSTEIN VERLAG

Redaktion: Malte Maria Unverzagt

Bibliografische Information der Deutschen Nationalbibliothek
Die Deutsche Nationalbibliothek verzeichnet diese Publikation in der Deutschen Nationalbibliografie; detaillierte bibliografische Daten sind im Internet über http://dnb.d-nb.de abrufbar.

2. Auflage 2020

www.wallstein-verlag.de

Vom Verlag gesetzt aus der Stempel Garamond
Einbandabbildungen: Giorgio Vasari: © Bildarchiv Foto Marburg; Jacob Burckhardt: © SLUB Dresden/Deutsche Fotothek/ Regine Richter; Aby Warburg: © The Warburg Institute, London; Erwin Panofsky: © Universität Hamburg, Arbeitsstelle für Universitätsgeschichte
Druck und Verarbeitung: Hubert & Co, Göttingen

ISBN 978-3-8353-3170-9

# Inhalt

# Einleitung

Meine späte Begegnung mit Martin Warnke verdankt sich einem kleinen Aufsatz, den ich als Ideenhistoriker zur Ikonographie des Leipziger Malers Michael Triegel schrieb.[1] Nach einem brieflichen Austausch erhielt ich im August 2015 die Einladung, nach Hamburg zu kommen, um das Warburg-Haus kennenzulernen. Daraus entspann sich ein längeres Gespräch, dessen schriftliche Form neben der Geschichte des Warburg-Hauses auch Warnkes eigene intellektuelle Biographie in den Blick nahm. Die angeregte Unterhaltung und die schönen Resonanzen auf die Abdrucke[2] verlangten geradezu nach einem zweiten Gespräch, das vom *Hofkünstler*, dem Opus magnum Martin Warnkes, ausging und dabei auch die kleine Monographie *Cranachs Luther* einschloss.[3]

Beide Gespräche zeichnen in der Zusammenschau das Profil des Kunsthistorikers Martin Warnke nach. In ihm ist auch die persönliche Signatur seiner wissenschaftlichen Einsichten und institutionellen Absichten erkennbar. Zwei kurze Essays zu wichtigen Zäsuren seiner intellektuellen Biographie ergänzen es. Der Verleger Thedel v. Wallmoden zeigte sich offen für die Idee, dieses persönliche Porträt in einem Band mit einer Sammlung von kunsthistorischen Profilen zu ergänzen, an denen Warnke über ihm wichtige Kunsthistoriker in Essays und Artikeln gearbeitet hat.

Den Ausgang dieser persönlichen Galerie bildet Giorgio Vasari als »Vater der Kunstgeschichte«. Ohne dessen Künstlerviten, die Warnke in den frühen Florentiner Jahren intensiv studierte, wäre sein *Hofkünstler* undenkbar gewesen, wie die Stichwortregister in der zehnbändigen

Ausgabe zeigen. Entsprechend erinnerte er sich bei der Zusammenstellung der Essays an einen Rat, den Jacob Burckhardt dem jungen Heinrich Wölfflin 1893 in Basel gegeben hatte: »Schütteln Sie den Vasari!« Das sinngemäß wiedergegebene Zitat ließ sich sofort auffinden und lautet in der von Wölfflin protokollierten Fassung des Gesprächs mit Burckhardt: »Im vielbeachteten Vasari stehn noch eine Menge ungeschüttelter Bäume. Lesen Sie ihn nach diesem Gesichtspunkt durch. Das ist mein Vermächtnis an Sie.«[4]

Für Warnke war Jacob Burckhardt auch der Stichwortgeber seiner Vorstellung einer »kritischen Kunstgeschichte«. So sagte er in unserem ersten Gespräch: »Es gibt diese wunderbare Stelle in den *Weltgeschichtlichen Betrachtungen*, wo Burckhardt von der Kunst als Potenz neben Staat und Religion sinngemäß sagt: Kunst ist eine Macht und Kraft für sich, die sich von keinem zeitlichen Bedürfnis in den Dienst nehmen lässt. Das war und ist mein Credo einer kritischen Kunstgeschichte.«[5] In der Maske des Baseler Bürgers verstand Burckhardt die Kunst als notwendige »Verräterin«, um eine kritische Distanz zu den bestehenden Verhältnissen ausdrücken zu können. Warnke orientierte sich in seiner eigenen Forschung an Burckhardts Einsicht, dass die Künstler noch und gerade im äußeren Zwang des Auftragswesens nicht selten kritische Stachel setzten, die von der Kunsthistorie erkannt werden sollten, nicht zuletzt, um im historischen Beispiel auch gegenwärtige Verhältnisse unterwandern zu können.

Dass die institutionelle Gestalt einer städtischen Gesellschaft oft sogar vielfältige Gesichter der Macht entwickelte, die der Entfaltung des Individuums engere Grenzen setzten als die verpönte Welt der Höfe, war ein wichtiges Postulat Warnkes, das er in den Studien zu Rubens entwickelte und das ihn gegen die Selbstgefälligkeit modernen Denkens immunisierte. Der Gefahr einer veräußerlichten Aufklärung setzte Warnke die im Protestantismus nach Luther kultivierte Gewissenhaftigkeit entgegen. Deren säkularisierte Radikalität und gesellschaftliche Unabhängigkeit hat Heinrich Heine im Begriff des »protestantischen Prinzips« pointiert. Einmal wählte Warnke als frisch habilitierter Akademiker den direkten Weg der Kritik, als er auf dem Kölner Kunsthistorikertag 1970 ohne Rücksicht auf persönliche Risiken die machthörige Zunft und ihre scheinbare Objektivität angriff. Auf polemischen Widerstand musste er nicht lange warten. Seitdem hat Warnke mit sublimeren Mitteln der Kritik nicht aufgehört, »kritische Kunstgeschichte« zu betreiben.

Dass bei Kunsthistorikern Herkunft und Persönlichkeit entscheidend sein können für die Entfaltung der eigenen Positionen und Perspektiven, zeigte Warnke schon früh am Marburger Lebenswerk von Richard Hamann, dem Ernst von Hülsen-Haus, das er über einige Jahre als Professor von innen kennen- und schätzenlernte. Zugleich demonstrierte Warnke an Heinrich Wölfflins späten Briefen, dass der als Formalist bekannte Klassiker aus einer leidenschaftlichen Subjektivität heraus seine Analysen vornahm. Diese versuchten die Gefahr der individuellen Willkür zu bändigen und sind nicht mit dem falschen Objektivismus des Wissenschaftsbetriebs zu verwechseln, von dem sich Wölfflin vorzeitig enttäuscht zurückzog. Gegen die geläufige Fama des politisch obsoleten Konservativen las Warnke auch Hans Sedlmayr, dessen *Verlust der Mitte* dem Abiturienten 1954 die Augen für eine philosophisch versierte Kunsthistorie und das unlösbare Dilemma der Moderne geöffnet hatte, sich in der »metaphysischen Obdachlosigkeit« provisorisch einrichten zu müssen, um einen Begriff des frühen Georg Lukács zu gebrauchen. In der Erinnerung an diese einschneidende Leseerfahrung wies Warnke auf die Gefahr hin, der Aufgeklärtheit gerade dann verlustig zu gehen, wenn aus ihr eine neue Mitte kreiert werden soll. Deren säkulare Verheißung auf Fortschritt kann in ganz anderen und nicht selten grausameren Formen der Bevormundung münden, als sie in der Tradition auftraten. Mit Reinhart Koselleck teilte Warnke die tiefe Skepsis gegenüber religiösen wie säkularen Heilsgeschichten, die versuchten, den »leergelassenen Thron«, wie Sedlmayr sich ausdrückte, dogmatisch zu besetzen.

Mit diesem selbstkritischen Verständnis von Modernität, das die kulturelle Relevanz der tradierten Fragen in der Kunstgeschichte zu retten sucht, nahm Warnke auch seine Hamburger Tätigkeit auf. Ihn faszinierte, wie Aby Warburg »Geld und Geist« im Werden der Kulturwissenschaftlichen Bibliothek verband und das »Nachleben der Antike« zum Fokus seiner Forschung werden ließ. Die wissenschaftliche Sublimierung persönlich drängender Fragen erwies sich auch in diesem Falle als Movens des Erkenntnisinteresses einer Ikonographie, die in Erwin Panofsky eine systematisch und methodisch vertiefte Fortsetzung fand. Warnke schrieb seit den 1960er Jahren immer wieder kleine Apologien dieses »versprengten Europäers«, dessen deutsche Wirkungsgeschichte erst um Jahrzehnte verschoben zur amerikanischen einsetzte. Nicht nur das Exil trug Schuld daran, sondern ebenso der Unwillen der Nachkriegskunsthistorie, die von den Alliierten nach 1945 nahegelegte Rückholung der Emigranten auch in publizistischer Form einzuleiten.

Wie groß der Verlust an jüdischen Kunsthistorikern war, die nach 1933 aus dem Land getrieben oder ermordet wurden, deutet das *Biographische Handbuch deutschsprachiger Kunsthistoriker im Exil*[6] an, dessen Entstehen Warnke in seinen Hamburger Jahren anregte. Er selbst schrieb über jüdische Kunsthistoriker wie Arnold Hauser und Richard Krautheimer, die vom Nationalsozialismus vertrieben worden waren, oder erinnerte an Meyer Shapiro, dessen Familie eine Generation früher, nach den Pogromen im Zarenreich, den Weg in die Neue Welt angetreten hatte. An der Columbia University wurde Meyer Shapiro zu einem renommierten Wissenschaftler, der nach 1933 für die exilierten Kunsthistoriker einen wichtigen Kristallisationskern innerhalb der New York Intellectuals bildete.

Der mit seiner *Geschichte der Kunst* berühmt gewordene Exilant Ernst Gombrich, den Warnke 1984 in der Rede zur Verleihung des Goethe-Preises würdigte, hatte nach den Wiener Anfängen im Londoner Warburg Institute zuletzt die ihm entsprechende Stellung als Direktor gefunden. Dort konnte er mit den aus Hamburg geretteten Materialien die intellektuelle Biographie Aby Warburgs schreiben und entwickelte sich in der Freundschaft zu Karl Popper zu einem der philosophisch versiertesten Kunsthistoriker. Gombrich nahm damit auch ein Element der Hamburger kunsthistorischen Tradition auf, für die der Neukantianer und Symbolforscher Ernst Cassirer selbstverständlich als philosophischer Gesprächspartner von Aby Warburg und Erwin Panofsky wirkte.

Auch Martin Warnke suchte seit den akademischen Anfängen, als er Jürgen Habermas' *Strukturwandel der Öffentlichkeit* zum späteren Ärger der Zunft in seiner Dissertation rezipierte, die Kunstgeschichte philosophisch zu öffnen. Man kann sagen: Die Idee der individuellen Freiheit in weltbürgerlicher Absicht und Kants von Habermas weitergeführte Forderung nach dem öffentlichen Gebrauch der Vernunft lebt in Warnkes Verständnis einer philosophisch ambitionierten Kunsthistorie. Und hierzu gehört es, sich selbst wie die Berliner Aufklärer um 1800 an ein bürgerliches und gebildetes Publikum zu wenden, das in der Gesellschaft Verantwortung trägt. Es wartet darauf, in verständlicher Form von jenen zum Selbstdenken angeregt zu werden, die – zumindest idealiter – das Privileg haben, in geistiger Unabhängigkeit und mit zeitlichen Freiheiten als Wissenschaftler hauptberuflich nachdenken zu können.

Warnke drängte es schon in frühen Jahren, als er nach der Promotion für die *Stuttgarter Zeitung* vom Frankfurter Auschwitz-Prozess berichtete, zu solcher *Zeitgenossenschaft*.[7] Die hier abgedruckten Porträts stehen für sein aufklärerisches Bemühen. Sie wurden nicht selten als Essays und Rezensionen für das größere Publikum von Tages- und Wochenzeitungen geschrieben. Wie die großen Monographien enthalten sie stilistisch geschliffene Sätze, die verblüffen und zum Selbstdenken anregen. Nicht selten sind diese pointiert ans Ende eines Essays gesetzt und lassen die Leserschaft mit einer offenen Frage zurück. Vielleicht liegt darin auch ein Stück des rhetorischen Erbes des protestantischen Eltern- und Pfarrhauses, von dem her der älteste Sohn Martin eigentlich bestimmt war, zumal er die alten Sprachen auf dem Gymnasium erlernt hatte, dem Vater ins Pfarramt zu folgen. Die entfachte Leidenschaft für die Kunstgeschichte ließ aus der Kanzel das Katheder werden; aber auch so blieb der Anspruch auf eine selbstkritische Nachdenklichkeit.

Der säkulare Wille zu einer aufklärenden und vermittelnden Kunstgeschichte zeigte sich auch in Warnkes großer Sympathie mit jenen Fachvertretern, die in Museen und Medien ihre kunsthistorische Expertise für das öffentliche Leben nutzbar zu machen suchten. Neben dem Baseler Georg Schmidt, der mit seinem Kunstmuseum für die *Entartete Kunst* in der Zeit des Nationalsozialismus zu einem rettenden Hafen jenseits der Grenze wurde, war es in der Marburger Zeit vor allem der Kollege Heinrich Klotz, der mit der Gründung des Frankfurter Museums für Moderne Kunst und Architektur sowie – später – des Karlsruher Zentrums für Kunst- und Medientechnologie weitreichende Initiativen ergriff, um die Kunstgeschichte in den öffentlichen Raum zu tragen. In Hamburg ergab sich bald eine Verbindung zu Werner Hofmann, dessen Wirken in der Kunsthalle Warnke schätzte.

Das Porträt des Stilisten Hofmann trifft in vielen Passagen auch auf seinen Laudator Warnke zu, so an der Stelle, die das Bemühen um eine Sprache jenseits ideologischer Eindeutigkeiten skizziert. Der Leser dieses Bandes wird nachvollziehen können, dass der folgende Passus der Rede auch das Motiv von Warnkes offenem Sprachstil charakterisiert: »Ich frage mich, ob es in den vergangenen Nachkriegsjahrzehnten der gewaltigen politischen Blöcke, der kalten Kriege, der ideologischen Zwangssysteme eine intellektuelle Überlebenstechnik war, endgültige Schlüsse, begriffliche Verfestigung, gestanzte Schemata und systematische Sicherungen wie in panischer Angst zu meiden. Der sprachliche Habitus, der sich zwischen den Sprachblöcken und -regelwerken am Leben erhält, sucht in jeder Bestimmung eine Gegenbestimmung, setzt jeden Geltungsanspruch einer dialektischen Verflüssigung aus, die keine stehenden Positionen, keine unverrückbare Ganzheit verträgt.«[8]

Vom sokratischen Profil Martin Warnkes zeugt auch der energetische Essay Horst Bredekamps, der besonders die Marburger Anfänge der kritischen Kunstgeschichte ins Licht setzt. Die Leidenschaft des Nachdenkens findet in dem enthusiastischen Porträt eine unbändige Form. Deren Geist erscheint auf gezügeltere Weise in den intellektuellen Profilen, die Warnke über vier Jahrzehnte entfaltete. Ob provokativ oder sublim in der Gestalt, den Kern bildet in beiden Fällen eine gedankliche Unruhe, die in der Kunst und ihrem Verständnis nach bildlichem und beredtem Ausdruck drängt, getrieben von der menschlichen Frage nach Wahrheit.

Matthias Bormuth
*Oldenburg, im August 2017*

1 Vgl. Matthias Bormuth: »Masken der Modernität – Michael Triegel und die Tradition nach Nietzsche«, in: Richard Hüttel (Hg.): *Werner Tübke und Michael Triegel. Zwei Meister aus Leipzig*, München 2014, S. 101–119.

2 Vgl. »Ich habe von Natur aus keinen revolutionären Impuls, aber kritisch würde ich mich schon nennen. Martin Warnke im Gespräch mit Matthias Bormuth«, in: *Offener Horizont, Jahrbuch der Karl Jaspers-Gesellschaft* 3 (2016), Göttingen 2016, S. 399–417. Teilabdruck als: »Was es heißt, den Hofkünstler zu verstehen. Martin Warnke im Gespräch mit Matthias Bormuth«, in: *Frankfurter Allgemeine Zeitung*, 3.8.2016, N3 (Geisteswissenschaften).

3 Martin Warnke: *Hofkünstler. Zur Vorgeschichte des modernen Künstlers*, Köln 1985, und Martin Warnke: *Cranachs Luther. Entwürfe für ein Image*, Frankfurt a.M. 1984.

4 Jacob Burckhardt und Heinrich Wölfflin: *Briefwechsel und andere Dokumente ihrer Begegnung 1882–1897*, hg. von Joseph Gantner, Basel 1948, S. 87.

5 In diesem Band, S. 34.

6 Ulrike Wendland (Hg.): *Biographisches Handbuch deutschsprachiger Kunsthistoriker im Exil. Leben und Werk der unter dem Nationalsozialismus verfolgten und vertriebenen Wissenschaftler.* 2 Bde., München 1999.

7 Martin Warnke: *Zeitgenossenschaft. Zum Auschwitz-Prozess 1964*. Vorgestellt von Pablo Schneider und Barbara Welzel, Berlin 2014. Der Band enthält auch ein ausführliches biographisches Gespräch: »Der Kunsthistoriker als Zeitgenosse. Martin Warnke im Gespräch mit Birgit Franke, Pablo Schneider und Barbara Welzel«, S. 65–125.

8 In diesem Band, S. 212f.

Horst Bredekamp

# Marburg als geistige Lebensform – Versuch über Martin Warnke

Wenn es einen Ort gibt, an dem sich die Verwandlung der Kunstgeschichte in eine Wissenschaft vollzog, die der bildgesättigten Zivilisation der Moderne zu begegnen weiß, so ist es Marburg. Der Grund lag in Martin Warnkes Berufung an die dortige Philipps-Universität im Jahr 1971.

In seiner Sektion »Das Kunstwerk zwischen Wissenschaft und Weltanschauung« des Kölner Kunsthistorikerkongresses von 1970 hatte Warnke eine subtile Abrechnung mit einer deutschen Kunstgeschichte geleistet, die den Verlust des Jahres 1933 weder reflektiert noch methodisch kompensiert hatte. Die Vertreter des Faches reagierten aggressiv in einer Weise, die seine Karriere als beendet erscheinen ließ. Genau aus diesem Grund aber setzte sich der Marburger Kollege Hermann Usener für ihn ein. Wir hörten als Studenten von ferne davon, dass der Staatsrechtler Wolfgang Abendroth am Grab von Usener vor der überraschten Trauergemeinschaft an ihre gemeinsamen Zeiten des Widerstandes gegen die Nationalsozialisten erinnerte. Abendroth war im Zweiten Weltkrieg von der Wehrmacht zu den griechischen Partisanen übergelaufen und besaß mit dieser Biographie in der jungen Generation einen auratischen Status, aber dass Usener im Widerstand gewesen war, hatte dieser selbst verborgen. In Warnkes Berufung wurde diese unbekannte Seite des Marburger Kunsthistorikers transparent.[1] Ein Dichter hätte sich nicht ausdenken können, wie der im brasilianischen Urwald aufgewachsene Warnke, Sohn eines protestantischen Pfarrers, in diesem Moment zum Öffner eines Knotens der deutschen Geistesgeschichte werden konnte.

Der Kölner Kongress spaltete das gesamte Fach, und auch meinen Münchener Studienkollegen Franz-Joachim Verspohl, später Professor für Kunstgeschichte in Jena, und mich als Vertreter der Kunsthistorischen Studentenkonferenz traf ein Bannstrahl der versammelten Fachvertreter. Mir ist unvergessen, wie verschiedene Professoren vom Kongress unseren Ausschluss verlangten, worauf Leopold Ettlinger, der erstmals seit seiner Emigration wieder in Deutschland war, darauf beharrte, dass er seine eigene Sektion nur durchführen würde, wenn ich neben ihm auf dem Podium säße – was dann auch geschah. Die Drohung aber blieb, und als sich abzeichnete, dass Warnke seine Professur in Marburg würde antreten können, gab er Verspohl den Hinweis, dass wir, wenn wir Schwierigkeiten bekommen sollten, möglicherweise in Marburg unser Studium abschließen könnten.

Tatsächlich hatte Verspohl bald Grund, dem Ruf in die universitäre Idylle zu folgen. Seine Briefe berichteten von wundersamen Seminaren über Ikonologie, politische Ikonographie, von kritischer Stilgeschichte und Auseinandersetzungen mit der Moderne sowie einer forcierten Theoriebildung. Von Westberlin aus wechselte auch ich nach Marburg, wo sich eine seltene und kostbare Verbindung zu unseren Professoren ergab. Akteure waren der Architekturikonologe Hans-Joachim Kunst, mit dem wir die noch heute existierenden *Kritischen Berichte* gründeten, Heinrich Klotz, der zahlreiche Fachwerkhäuser der Marburger Altstadt gemeinsam mit einer Vielzahl von Studenten rettete und auch moderne Neubauten anregte, um dann von Marburg aus das Frankfurter Museum für Architekturgeschichte aufzubauen und schließlich das Zentrum für Kunst und Medientechnologie in Karlsruhe zu gründen;[2] der Musikwissenschaftler Reinhold Brinkmann, der mit der modernen Musik, und insbesondere mit dem Werk von John Cage vertraut machte; der Germanist Heinz Schlaffer, der in einer unvergessenen Vorlesung Goethes *Faust* mit Marx' *Kapital* verglich und der Soziologe Heinz Maus, der mit der Reihe »Soziologische Texte« (gemeinsam mit Friedrich Fürstenberg) bei Luchterhand neben der Suhrkamp-Kultur eine eigene, sich der Kunst und der Religion öffnende sozialwissenschaftliche Forschung betrieb und dessen Seminar über einen einzigen Satz aus den »Grundrissen« mir als Muster der Beharrlichkeit haften geblieben ist. Später kam Gert Mattenklott aus Berlin hinzu. Warnke hat Verspohl und mich in dieser Zeit als seine ersten Doktoranden mit einer so freundschaftlichen Generosität durch die Promotionszeit nicht nur geführt, sondern begleitet, dass sie uns bis heute unverbrüchlich verbindet.

Ulrich Raulff hat diesem Kreis in seiner Autobiographie mit einer knappen Skizze ein kleines Denkmal gesetzt.[3] Warnke bildete mit Klotz und Kunst eine Trias, die den Willen hatte, das Fach mit seinen Gegenstandsbereichen und seinen Methoden auf jenes Anspruchsniveau zurückzuführen, das ihm bis 1933 eine herausragende Statur bis über die Geisteswissenschaften hinaus vermittelt hatte. Die Aktivitäten dieser Jahre sind bis heute aktuell. Dies gilt insbesondere für eines der Hauptthemen, den Bildersturm. Es ging darum, ihn nicht allein als rohe Destruktion zu werten, was er oftmals war und heute mehr denn je ist, sondern auch als formbewusste Handlung, die im Werk jene Kraft freilegte, derentwegen es zerstört wurde. Als Gegenpol zur Zerstörung wurden die Bilder im Prinzip als mit eigener *force* befrachtet und damit als scheinlebendig erachtet.

Der zweite große Impuls war die in einer gewissen Skepsis gegenüber Walter Benjamins großartigem, aber höchst problematischem Kunstwerk-Aufsatz genährte Überzeugung, dass Reproduktionen als Originale sui generis zu betrachten waren. Im Marburger Ernst-von-Hülsen-Haus, in dem das kunsthistorische Seminar gemeinsam mit der Archäologie und der Musikwissenschaft untergebracht war, befand sich auch das Bildarchiv Foto Marburg, das in seinen Ursprüngen bis in die Kaiserzeit zurückreichte. Es war von Richard Hamann aufgebaut worden, einem dezidierten Linken, der zugleich einen inspirierten Unternehmergeist besaß.[4] Foto Marburg belegte einen Teil dieses Gebäudes, das Warnke als eine gebaute Hamann'sche Kunstgeschichte deutete.[5] Mein Studienkollege Verspohl fand nach unermüdlicher Suche im Universitätsarchiv das Dokument, das dieses Archiv auf Dauer dem Kunsthistorischen Institut zusprach, und damit war der Plan hinfällig, dieses Archiv dem im selben Gebäude untergebrachten Museum zuzuschlagen. Mit der Bindung dieses zu den größten Sammlungen seiner Art zählenden Archives gelang es durch die Berufung Lutz Heusingers, Foto Marburg zu einem geisteswissenschaftlichen Vorreiter der digitalen *Big Data* zu machen, lange, bevor dieser Begriff erfunden wurde. Auch hier schloss sich ein Kreis insofern, als Heusinger in Warnkes Kölner Sektion einen programmatischen Beitrag geliefert hatte. Die Marburger Sammlungen mit ihren teils in das 19. Jahrhundert reichenden Papierabzügen, den nicht minder auratischen Groß- und dann auch Kleindiapositiven, den Microfiches und den Digitaten wurde zum Nucleus einer praktischen Mediengeschichte *avant la lettre.*

Durch alle kunsthistorischen Gegenstandsfelder hindurch zog sich die Fähigkeit der Kunst, ihren Auftrag sowohl zu erfüllen wie auch zu verraten und Themen wie Stilformen versiv zu gestalten. Hierin war Warnke ein unübertrefflicher Lehrer. In einem Ambiente, das durch den kritischen Marxismus der Frankfurter Schule geprägt war, immer aber auch in der Gefahr stand, sich in Dogmatik zu verfestigen, waren seine an Jacob Burckhardts Begriff der Kunst als »Verräterin«[6] orientierten Auseinandersetzungen mit dem Werk von Rubens Lehrstücke der Abwehr einer mechanistischen Verbindung von Kunst und Politik.

In dieser Zeit arbeitete Warnke an seinem vielleicht wichtigsten Werk zum *Hofkünstler*.[7] Für die seinerzeit herrschende Geschichtsphilosophie, die den Gang der Geschichte und der Kunst vom Hof zum Bürgertum, zu den Zünften und dann zum Markt als einen Aufstieg voranschreiten sah, wie es Arnold Hauser formuliert hatte,[8] war seine Analyse, dass der Hof eine künstlerische Freiheit garantieren konnte, die in den Städten auf Grund der normierten Ausbildung nicht erwünscht war, eine befreiende Provokation.

In den gemeinsamen Jahren an der Universität Hamburg verband uns neben persönlichen Interessen wie den unentwegten Erörterungen der Metaphysik des Fußballs, die Warnke in Brasilien kennengelernt hatte, vor allem die Arbeit an der politischen Ikonologie. Ein Ausgangspunkt war die Reaktivierung von Aby Warburgs Kulturwissenschaftlicher Bibliothek und deren methodischen Parforce-Jagden über alle bekannten Gegenstandsbereiche und Methoden hinaus.[9] Besonders prägend war Aby Warburgs Untersuchung der frühmodernen Massenpropaganda, die eine kritische Mediengeschichte begründete[10] sowie Fritz Saxls Geschichte des römischen Kapitols, welche die politischen Formbestimmungen eines öffentlichen Raumes von der Renaissance bis zum Faschismus erschloss.[11]

Mit dieser Tradition im Rücken gelang Warnke bereits im Jahr 1978 ein Brückenschlag zur Geschichtswissenschaft in Form eines Symposiums zur *Politischen Ikonologie*, das er gemeinsam mit dem Historiker Reinhart Koselleck in Wolfenbüttel abhielt. Markante Früchte waren auch die Sammelbände zur »Politischen Architektur«, zur »Politischen Landschaft« sowie zu politischen Gesten.[12] Derart vorbereitet, hat Warnke in Hamburg das bislang umfassendste Archiv zur *Politischen Ikonographie* zusammengestellt, in dem alle Formen politischer Prägung, von der Körpersprache und Gestik bis hin zu Wahlplakaten, Postkarten und Herrscherportraits erfasst werden.[13]

Seine Methode zielt zunächst darauf ab, dass Autoritäten die visuelle Erscheinung ihrer selbst im eigenen Sinn steuern und über die Konstruktion eines »Image« die eigene Person als ein Wunschgebilde erscheinen lassen. Eine zweite, nicht vorhersehbare Seite politischer Bilder bestimmt einen nicht weniger wichtigen Inhalt der *Politischen Ikonologie*. Sie gilt allen Formen, die dem politischen Gehalt inversiv entweder eine alternative Lesart einschmuggeln oder diesen gar offen verraten, wie es Burckhardt immer wieder betont.

Warnke selbst hat diesen Charakter besonders im Blick auf Rubens und dessen Begriff der *dissimulatio* entfaltet.[14] Der in Spanien durch Baltasar Gracián und Diego Saavedra Fajardo entwickelten Theorie zufolge bedeutet die Simulation von einem Gefühl und einem Gemütszustand Lüge und Betrug. Die *Dissimulation* baut dagegen darauf, dass die Affekte beherrscht werden müssen, um zur Weisheit fähig zu sein. Die dissimulierende Person zeigt die heute aus der Mode gekommene »Haltung«, um ihre Affekte im Sinne einer über den Moment hinausgehenden Wahrheit zu dissimulieren. Dasselbe gilt im politischen Raum: *dissimulazione onesta* meint eine Affektbeherrschung, die den Herrscher von Partikularinteressen frei macht, um die an ihn herangetragenen Einzelinteressen bereits durch seine Gestik abzuwehren. Sie lässt seine Ziele im Sinne des Neutralitätsgebotes als unberechenbar bleiben. Das heute herrschende Dissimulationsverbot mit seinem Gebot der Transparenz setzt dagegen voraus, dass ohne eine solche nichts als Betrug und Lüge grassieren. Es übersieht jedoch, dass die Dissimulation ein Gebot allgemeiner und vor allem langfristiger Interessen sein kann.[15]

Warnke hat diese so definierte Kategorie der *dissimulazione onesta* zur Bestimmung von Politik wie auch zur Entdeckung der verborgenen Strategien von Kunstwerken wie kein Zweiter genutzt. Vielleicht ist dies der Grundzug seiner Impulse: unfähig zu sein, gesicherte Wahrheiten deklamatorisch zu wiederholen. In methodischer Hinsicht hat ihm dies die Freiheit vermittelt, immer wieder den methodischen Manichäismus und das Auseinanderfallen in Wissenschaftslager durch Gesten der Wertschätzung von Verfemten zu unterlaufen. Hierzu gehört sein Insistieren auf dem politischen Sinn des Formalismus Heinrich Wölfflins, den er als Abwehr einer nationalistischen Indienstnahme der Kunst im Zuge des Ersten Weltkrieges deutete,[16] und dies gilt nicht weniger und vielleicht noch spektakulärer für seine Wertschätzung Hans Sedlmayrs, dem Autor des berühmt-berüchtigten *Verlust der Mitte*.[17]

Dieser behutsame Widerspruchsgeist ist von Skepsis erfüllt, ohne auch nur in einem Moment in Gefahr zu geraten, zum Zynismus zu werden. Gewonnen aus dieser inneren Freiheit, wird jeder Satz Martin Warnkes zu einem Ereignis, und dies gilt auch für sein Auftreten. Niemals steht ein falsches Pathos oder auch nur eine Spur von Eitelkeit im Raum. Es wird wenige Personen geben, deren Zögern, sich selbst auszustellen, von so viel Aura gekrönt ist wie bei ihm.

*Rehmstackerdeich, im August 2017*

1 In diesem Band, S. 62f.

2 In diesem Band, S. 207–209.

3 Ulrich Raulff: *Wiedersehen mit den Siebzigern. Die wilden Jahre des Lesens*, Stuttgart 2014, S. 22.

4 Angela Matyssek: *Kunstgeschichte als fotografische Praxis. Richard Hamann und Foto Marburg*, Berlin 2009.
5 Martin Warnke: »Richard Hamann«, in: *Marburger Jahrbuch für Kunstwissenschaft*, Bd. 20, 1981, S. 11–20.
6 In diesem Band, S. 83–90.
7 Martin Warnke: *Hofkünstler. Zur Vorgeschichte des modernen Künstlers*, Köln 1985.
8 In diesem Band, S. 215–218.
9 In diesem Band, S. 135–153.
10 Aby Warburg: *Gesammelte Schriften. Studienausgabe, Erste Abteilung*, Bde. I, 1 und I, 2 (Hg.: Horst Bredekamp und Michael Diers), Berlin 1998, hier: Bd. I, 2, S. 483–558.
11 Fritz Saxl: *Beiträge zu einer politischen Ikonographie der italienischen Renaissancearchitektur*, Zürich 1974.
12 Martin Warnke (Hg.): *Politische Architektur in Europa vom Mittelalter bis heute*, Köln 1984; ders.: *Politische Landschaft: zur Kunstgeschichte der Natur*, München 1992; ders. (Hg.): *Politische Kunst. Gebärden und Gebaren*, Berlin 2004.
13 Martin Warnke: »Politische Ikonographie«, in: Andreas Beyer (Hg.): *Die Lesbarkeit der Kunst. Zur Geistes-Gegenwart der Ikonologie*, Berlin 1992, S. 23–29; Martin Warnke: »Politische Ikonographie«, in: Forschungsstelle Politische Ikonographie Universität Hamburg (Hg.): *Bildindex zur Politischen Ikonographie*, Hamburg 1993, S. 5–12.
14 In diesem Band, S. 67–69.
15 Horst Bredekamp, Michael Diers, Ruth Tesmar, Franz-Joachim Verspohl: »Vorwort der Herausgeber«, in: *Dissimulazione onesta oder Die ehrliche Verstellung. Von der Weisheit der versteckten Beunruhigung in Wort, Bild und Tat. Martin Warnke zu Ehren. Ein Symposium (2003)*, Hamburg 2007, S. 7–12.
16 Martin Warnke, »On Heinrich Wölfflin«, in: *representations*, Bd. 27, Summer 1989, S. 172–187; vgl. ders., »Martin Warnke, Warburg und Wölfflin«, in: Horst Bredekamp, Michael Diers und Charlotte Schoell-Glass (Hg.): *Akten des internationalen Symposions Hamburg 1990*, Weinheim 1991, S. 79–86.
17 In diesem Band, S. 70f. und S. 117.

# »Ich habe von Natur aus keinen revolutionären Impuls …« Gespräch zur Biographie

BORMUTH Lieber Herr Warnke, Sie haben sich seit Ihren *Kommentaren zu Rubens* immer wieder mit dem Thema des Hofkünstlers beschäftigt und gelten als »kritischer Kunsthistoriker«. Für Ihre Perspektivbildung scheint nicht unwesentlich zu sein, dass Sie aus einem protestantischen Pfarrhaus stammen – eine Herkunft, die Sie mit vielen Dichtern und Denkern teilen. Können Sie mir etwas über Ihr Herkommen berichten?

WARNKE Ich wurde als Sohn eines deutschen Pfarrers in Brasilien geboren. Mein Vater ging mit der Familie im Jahr 1936 zu einer Gemeinde ehemaliger Kolonisten aus dem Hunsrück, deren Ursprünge Edgar Reitz in seinem Werk *Heimat* beschreibt. Aus anfangs sechs geplanten Jahren machte der Krieg siebzehn. Die Kirche in Brasilien war plötzlich auf sich selbst gestellt, musste eigene Pfarrer ausbilden und Gymnasien einrichten. Wir waren sieben Kinder und hatten zu Hause auch Kühe und Hühner. Wir wuchsen ländlich auf. Und ich meine, dass es trotz aller Schwierigkeiten eine schöne Kindheit war. Mein Vater las uns beständig vor, die *Odyssee* und andere Klassiker, die mir noch heute im Ohr klingen. Auch brachte er uns das Lesen bei, lehrte uns das Schreiben und gab teilweise Unterricht in den alten Sprachen. Unsere Mutter hingegen sang viel mit uns. Zudem hatten wir einen großen Garten mit exotischen Früchten wie Apfelsinen und Bananen. Ich spielte leidenschaftlich gerne Fußball.

BORMUTH Sie gingen dann aus diesen für ein Kind paradiesisch anmutenden Verhältnissen etwas früher als die Eltern wieder zurück nach Deutschland, das durch den Krieg noch zerstört und politisch völlig verändert war. Warum reisten Sie alleine?

WARNKE Der Grund lag darin, dass ich mit siebzehn Jahren in Brasilien für drei Jahre hätte Militärdienst leisten müssen. Und so schickten mich meine Eltern alleine auf einem holländischen Frachter 1953 auf die große Reise. Es ging in rund vierzig Tagen zuerst über Buenos Aires entlang der Küste und später über den Atlantik nach Rotterdam. Von dort kam ich nach Gütersloh und Dortmund auf gute Gymnasien, bevor sich die gesamte Familie in der Nähe von Darmstadt niederließ und ich dort mein Abitur machte.

BORMUTH Bevor wir uns Darmstadt als Ort von ungewöhnlicher Liberalität zuwenden, würde ich gerne etwas zu den familiären Wurzeln dieser Haltung erfahren.

WARNKE Mein Vater war ein Schneidersohn und stammte aus kleinen Verhältnissen in Jena. Er war früh von der Schule genommen worden und sollte Schreiber im Rathaus werden. Mein Nenn-Großvater César, der als Pfarrer in Jena wirkte, bemerkte im Konfirmationsunterricht, dass mein Vater ein begabter Junge war und vom Gymnasialunterricht profitieren könnte. Da er selbst keine Kinder hatte, nahm er ihn an Sohnes statt auf und ermöglichte ihm später das Theologiestudium in Jena.

BORMUTH Können Sie noch etwas zu ihrem Großvater sagen?

WARNKE Selbst lernte ich ihn nur am Ende seines Lebens mit 95 Jahren kennen, als wir aus Brasilien heimkehrten. Er war ein großartiger Mann und gehörte als liberaler Theologe in den Kreis um Friedrich Naumann und die Zeitschrift *Christliche Welt*. Sein Gästebuch, das ich gerade dem Thüringischen Pfarrarchiv übergeben habe, enthält jede Menge prominente Namen, sogar eine Zeichnung von Naumann ist dabei. Mit Leidenschaft versuchte er, zuerst in Dortmund, dann in Jena als Pfarrer die Arbeiter vom Alkohol wegzubringen. Er war eng mit dem Direktor von Zeiss befreundet. Als mein Vater einmal etwas in der Direktorenvilla abzugeben hatte, lernte er meine Mutter kennen, die Tochter des Hauses.

BORMUTH Eine bemerkenswerte Geschichte.

WARNKE In der Tat. Ein schüchterner Schneidersohn, der unverhofft die Chance erhält, einen Bildungsweg zu machen, und dann noch in höchste gesellschaftliche Kreise einheiratet.

BORMUTH Gab es große Spannungen aufgrund dieser ständischen Unterschiede?

WARNKE Nicht in der Familie, auch wenn sich die Brüder meiner Mutter lustig machen konnten, wenn unser Vater sich etwa bei Tisch nicht immer standesgemäß verhielt. Meine Mutter nahm dies mit Humor, auch wenn in all dem viel Stoff für soziale Konflikte lag, denen man vielleicht in Brasilien auszuweichen versuchte.

BORMUTH Sie entstammen also einer Familie, in der das soziale Bewusstsein untergründig immer ein Thema war und die von Seiten des Großvaters in der Tradition des sozialen wie gebildeten Protestantismus lebte.

WARNKE Ja. Und von daher war der Familie auch Darmstadt als erster Wohnort nach der Rückkehr sehr willkommen. Ich ging dort auf das humanistische Gymnasium, an dem ein liberaler Geist herrschte. Wir fuhren mit der Schule nach Italien, und man spielte in einem römischen Theater Sophokles' *Antigone*. Das Landestheater Darmstadt unter Gustav Sellner beeindruckte uns mit Klassikern und neueren Autoren wie Tennessee Williams.

BORMUTH Sie hatten also das Glück, in einer liberalen Bildungsoase im Nachkriegsdeutschland die letzten Schuljahre verleben zu können.

WARNKE Zur Schule muss vielleicht noch erwähnt werden, dass Eugen Kogon, der als katholischer Journalist die *Frankfurter Hefte* herausgab, zu den Elternvertretern zählte. Seine nüchterne soziologische Studie *Der SS-Staat*, die bald nach dem Krieg erschienen war, hatte ich mir ausgeliehen und gelesen. Zehn Jahre später kam ich über einige Zufälle dazu, selbst bei den Frankfurter Auschwitz-Prozessen für die *Stuttgarter Zeitung* einige Zeit über die Geschehnisse vor Gericht zu berichten.

BORMUTH Der nüchterne Ton, der für Kogon typisch ist, findet sich auch in Ihren Artikeln, die man seit kurzem in einer Edition lesen kann, die zudem ihre persönlichen Erinnerungen an die Umstände des Prozesses enthält. In der Art, wie Sie die Frankfurter Verhöre und Diskussionen schildern, wird meines Erachtens Ihr Wille zur Aufklärung deutlich, der sich im Prozess vor allem in der Gestalt von Fritz Bauer zeigte. Der Generalstaatsanwalt jüdischer Herkunft, der im dänischen Exil überlebt hatte, war entscheidend daran beteiligt, dass der Mossad Adolf Eichmann in Argentinien fassen und in Israel vor Gericht stellen konnte.

WARNKE Der Jerusalemer Eichmann-Prozess war auch in Frankfurt präsent, besonders an den Tagen, an denen die Frage der erzwungenen Kollaboration der »Judenräte« mit ihm und seinen Beamten zur Sprache kam. Eine schwierige Frage, die Hannah Arendt zum umstrittenen Fokus ihres Buches machte und die sich auch in Rechtfertigungen spiegelte, die in Frankfurt führende Vertreter des Budapester Judentums abgaben.

BORMUTH Sie schrieben als frisch promovierter Kunsthistoriker die Zeitungsberichte in den mittleren 1960er Jahren. Kommen wir nochmals auf die Darmstädter Impulse zurück, die Ihren späteren Bildungsweg prägten.

WARNKE Darmstadt war eine kulturelle Metropole und stellte für mich zugleich einen Kulturschock dar. Besonders eindrücklich sind mir die *Darmstädter Gespräche* in Erinnerung geblieben. Theodor W. Adorno und Hans Sedlmayr traten dort gemeinsam in Diskussionen auf. Sie waren sachlich zwar extrem verschieden, gingen aber sehr nobel miteinander um.

BORMUTH Woran entzündete sich dann deren Streit?

WARNKE Adorno hat Sedlmayr wohl einmal gesagt: »Herr Sedlmayr, ich teile eigentlich Ihre Kritik am gegenwärtigen Zustand der Welt und des Geistes. Aber ich ziehe ganz andere, entgegengesetzte Schlüsse daraus.« Der Soziologe wollte die Gesellschaft mit seiner Kritischen Theorie verändern, während der Kunsthistoriker die eher konservative Diagnose stellte, die Moderne habe ihr metaphysisches Zentrum verloren. Mein Vater legte mir Sedlmayrs *Verlust der Mitte* zu Weihnachten 1954 auf den Tisch; das Buch war 1948 erschienen und hatte in der Nachkriegszeit

Epoche gemacht. Ich las es begeistert und studierte auch die ersten drei Semester bei Sedlmayr in München. Er war ein Intellektueller, wie es sie in der Kunstgeschichte selten gab.

BORMUTH Können Sie das näher erläutern?

WARNKE Er gehörte zur Wiener Schule der Kunstgeschichte und hatte die ganze, sich zum Teil auch widersprechende Geistesgeschichte mit all ihrem Für und Wider aufgesaugt, so die Psychologen Adler und Freud. Auch Theologie interessierte diesen universalen Geist, der in Vorlesungen geistreich tänzelnd, wienerisch mit Charme vortrug.

BORMUTH Das heißt, er hat die Kunstgeschichte mit anderen geisteswissenschaftlichen Disziplinen verbunden und neue Horizonte erschlossen.

WARNKE Die Aufsätze von Sedlmayrs Lehrer, Max Dvořák, waren unter dem Titel *Kunstgeschichte als Geistesgeschichte* herausgegeben worden. Mit Riegl und Schlosser prägte Dvořák Sedlmayrs Horizont. Allerdings hatte er einen schweren Fehler begangen, als er 1938 für die Festschrift von Wilhelm Pinder, damals ein großer Mann der Kunstgeschichte, das Vorwort schrieb, in dem er sich emphatisch zum neuen Staat unter Hitler bekannte. Nach 1945 wurde Sedlmayr in Wien entlassen und war jahrelang arbeitslos. Er nutzte die Zeit, um sein großes Buch über die gotische Kathedrale zu schreiben. Deren Architektur repräsentiere die Idee des himmlischen Jerusalems, sei also eine gebaute Utopie. Architektur als Abbildung von Ideen war sein Thema.

BORMUTH Wie wurde Sedlmayr aufgenommen?

WARNKE Sein *Verlust der Mitte* rechnete mit dem modernen Zeitalter ab, polarisierte die Geister und stieß auf viel Kritik. Sedlmayrs fachlich überzeugende Leistung lag darin, die Kunstgeschichte geisteswissenschaftlich geöffnet zu haben. Er hatte viele Perspektiven verarbeitet und das Fach aus der disziplinären Enge geführt.

BORMUTH Wie ging es für Sie nach dem Studium bei Hans Sedlmayr weiter?

WARNKE Ich entschloss mich, das Studium in Berlin fortzusetzen. Mein dortiger Lehrer Hans Kauffmann war ein großer Kenner, ein beeindruckender Gelehrter. Er war liberal, ließ seinen Schülern freie Hand, ich selbst hatte mich schon in München mit Geschichte, Philosophie und Literatur beschäftigt. Die Dissertation wollte ich über Rubens schreiben, dessen Werk mich schon in München in der Pinakothek fasziniert hatte. Rubens wirkte für führende Höfe und besaß wie kein anderer Maler seiner Zeit alle Privilegien. Rubens Medici-Zyklus, der im Louvre einen ganzen Saal füllt, steht für seinen Ruf, der europäische künstlerische Hofdiener seiner Zeit gewesen zu sein. Die ganze Kunstgeschichte interpretierte den Zyklus, der Maria Medici gewidmet ist, als eine bloße Panegyrik.

BORMUTH Was war Ihre Auffassung von Rubens als Hofkünstler?

WARNKE Als ich in spanischen Archiven seine Briefe las, erhielt das Bild des hofgläubigen Künstlers starke Risse. So erinnere ich eine Stelle in einem Brief an einen Freund in Frankreich, in dem Rubens davon schrieb, der König habe den Zyklus über seine Mutter, die Königin Maria de' Medici, sehen wollen und dabei sei es dem führenden

Freund schwergefallen, dissimulare la verità, die Wahrheit zu verschleiern. Und damit hatte ich mein Thema: Was darf der König nicht erkennen? Was ist da im Bild verborgen? Sind die Hofkünstler wirklich knechtisch gesonnen und herrschergläubig, wie die Kunstgeschichte immer zufrieden registriert? Diese Fragen gaben mir damals Rätsel auf. Das war mein Grunderlebnis mit Rubens.

BORMUTH Zu welchem Ergebnis kamen Sie dann bei Ihrer Interpretation?

WARNKE Das lässt sich nicht kurz zusammenfassen. Vielleicht wird an folgenden Beispielen deutlich, warum Rubens als Hofkünstler keineswegs unkritisch nur höfischen Erwartungen nachkam. So war er mit Hugo Grotius befreundet, einem Staatsrechtler, der eine hochinteressante, antiabsolutistische Staatstheorie vertrat. Über einen anderen Freund schrieb Rubens sinngemäß: Einen so glänzenden Satiriker wie Théophile de Viau könne man doch nicht zum Tode verurteilen, auch wenn er gegen die Krone schreibt. Viele seiner Briefe zeigen deutliche Reserven gegenüber dem absolutistischen Regime. Auch bestellte sich Rubens das Buch eines spanischen Jesuiten, der gegen den Zentralismus im eigenen Orden geschrieben hatte. Als Jesuiten in Antwerpen es ihm stahlen, bemühte er sich erneut um das verbotene Buch. Das alles sind Geschichten, die andeuten, dass Rubens nicht einfach der Fürstenknecht war, für den man ihn allgemein hielt. Mich interessierte in der Arbeit: Gab es einen Spielraum an den Höfen, der vom fest bestallten Künstler genutzt werden konnte? Das ist seitdem mein Lebensthema geblieben.

BORMUTH Das heißt, Sie haben die Bilder sozusagen von der intellektuellen Biographie her betrachtet, um die mit den Bildern verknüpften Deutungen auf ihre Stichhaltigkeit zu hinterfragen?

WARNKE Ja, besonders Briefe stellen als persönliche Zeugnisse ein hervorragendes Mittel dar, um die Haltungen der Künstler näher zu untersuchen. Insofern kann man sagen, dass ich die Kunstgeschichte literarisiert habe. Allerdings brachte mir die Rubens-Arbeit dann auch Schwierigkeiten ein.

BORMUTH Was geschah?

WARNKE In einer Fußnote des Werkes kritisierte ich polemisch ein Buch, das 1936 bei dem besagten Wilhelm Pinder in München entstanden war und Rubens entlang des Medici-Zyklus als gläubigen Fürstendiener beschrieb. Der Autor, Otto von Simson, war ein preußischer Adeliger jüdischer Herkunft, der nach dem Exil in Chicago auf den Lehrstuhl meines Berliner Lehrers berufen worden war. In einer Anmerkung beschrieb er meine Ausführungen als »kryptomarxistisch«.

BORMUTH Was folgte aus dem damals in akademischen Kreisen vernichtenden Urteil?

WARNKE Im Fach galt ich als erledigt. Doch aus diesem Ruf ergab sich etwas später eine unverhoffte Wendung. Tilmann Buddensieg, seit 1968 Professor an der FU Berlin und vormaliger Assistent meines Lehrers, war inzwischen zum Vorsitzenden des Verbandes Deutscher Kunsthistoriker für Reformen gewählt worden. Von Simson seinerseits war im Vorstand des konservativen *Bund Freiheit der Wissenschaft*. Bei einem seiner vielen Besuche in Florenz spielte Buddensieg auf meine polemische Anmerkung im Rubens-Buch an und bat mich, auf dem Kunsthistorikertag, der 1970 in Köln stattfand, eine Sektion zu leiten. In ihr sollten gegen die konservative Tradition des Faches kritische Stimmen zu Wort kommen, wie dies schon in der Germanistik und der Geschichtswissenschaft geschehen war.

BORMUTH Von Simsons Versuch, Ihnen den Weg zu verbauen, führte also dazu, dass Sie aufgefordert wurden, an exponierter Stelle des Kölner Kongresses über das Selbstverständnis der Kunsthistoriker zu sprechen.

WARNKE Ich habe es rückblickend immer als Dummheit bezeichnet, dass ich mich damals, obwohl ich hätte ahnen können, was mir bevorstand, auf diese Rolle einließ. Mich interessierten in der Florentiner Stipendiatenzeit ganz andere Dinge. Aber Buddensieg ließ sich nicht irritieren und berief sich auf meine früheren Adorno-Lektüren und auf die Tatsache, dass ich in der Promotion schon Habermas' wichtige Schrift *Strukturwandel der Öffentlichkeit* zitiert hatte.

BORMUTH Was war der Grundgedanke Ihres Vortrags, der in Köln die etablierten Kunsthistoriker gegen Sie aufbrachte und zu Prozessdrohungen führte?

WARNKE Der Kern meines Arguments ist, wie alles bei mir, eigentlich einfach: Kein anderes Fach erzeugte so viel Populärliteratur wie die Kunstwissenschaft. Ich selbst hatte als Volontär am Dahlemer Museum 1967 ein Heft zur flämischen Malerei des 17. Jahrhunderts geschrieben. Meine Idee war, man müsste einmal untersuchen, welches Kunstverständnis auf diese Weise an die Öffentlichkeit dringt. Und ich stellte eine Denkfigur der Macht fest, die den Einzelnen im Blick auf das Ganze und Allgemeine unterdrückt. In der klassischen Ästhetik, so bei Schiller, besitzt das Individuum einen Freiraum, den es in der Kunst bei allen gesellschaftlichen Zwängen nutzen kann. Aber all jene Verlautbarungen, die ich in Köln, zugegeben etwas bösartig, moniert habe, interpretieren die Kunstwerke vor allem als Zeugnisse, in denen das Einzelne immer vom Ganzen beherrscht wird, der Ordnung und dem Allgemeinen gegenüber dem Freien und Besonderen die Übermacht zugewiesen wird; alle Einzelheiten, etwa Falten eines Bildwerks, werden in Kategorien der Überwältigung charakterisiert.

BORMUTH Die *Stuttgarter Zeitung* druckte Ihre Rede in leicht gekürzter Form unter dem Titel »Wissenschaft als Knechtungsakt«.

WARNKE Der Titel stammte von der Zeitung. Selbst mir wohlgesonnene Kollegen, wie andere Schüler meines Lehrers, konnten meine Polemik nicht verstehen. Andere mieden mich ganz, grüßten nicht mehr.

BORMUTH Sie waren im Fach geächtet?

WARNKE Ja. Es erreichten mich jede Woche per Einschreiben Prozessdrohungen der Professoren, die sich angegriffen fühlten. Ihr Anführer war Wolfgang Schöne, der hier in Hamburg mein Vorgänger war. Aber das ist eine eigene Geschichte.

BORMUTH Ihre Rede zeigt, dass jene, die als Fachleute vermeintlich neutrale Wissenschaft betreiben, in populären Werken zugleich starke Werturteile präsentieren. Die pathetischen Bildbeschreibungen betonen die ergebene Haltung des Einzelnen gegenüber dem Ganzen, der in der Kunst seinen schönsten Ausdruck finden soll. Und zugleich erinnern Sie an die alternative Bedeutung von Kunst, als kritische Potenz im gesellschaftlichen Leben zu wirken.

WARNKE Es geht um einen Gedanken, der sich auch bei Adorno findet: Die Kunst als das Andere, das Utopische; die Kunst mit ihren Ausbruchs- und Freiheitsenergien im gesellschaftlichen Leben. Diese positiven Aspekte habe ich in der Rede nur angedeutet, nicht wirklich ausformuliert. Es sollte ja eine »kritische Sektion« sein.

BORMUTH Diese Form der kritischen Kunstbetrachtung klingt bei Ihnen meines Erachtens immer wieder in dem Bild an, das Sie von dem allgemein für konservativ gehaltenen Jacob Burckhardt geben: Kunst als kritische Kraft gegen gesellschaftliche Macht im Namen des Individuellen. Oder täusche ich mich?

WARNKE Es gibt diese wunderbare Stelle in den *Weltgeschichtlichen Betrachtungen*, wo Burckhardt von der Kunst als Potenz neben Staat und Religion sinngemäß sagt: Kunst ist eine Macht und Kraft für sich, die sich von keinem zeitlichen Bedürfnis in den Dienst nehmen lässt. Das war und ist mein Credo einer kritischen Kunstgeschichte.

BORMUTH War es nicht ungewöhnlich, sich zur Zeit der Studentenunruhen mit kritischen Ambitionen auf den braven Baseler Bürger Jacob Burckhardt zu berufen?

WARNKE Ja, man hielt dessen *Weltgeschichtliche Betrachtungen* für abgestanden und sah in Burckhardt kaum ein kritisches Potential. Tatsächlich führte mich Hans Kauffmann nach den ersten eigenen Lektüren auf ganz konservative Weise in Burckhardts Denken ein. Ihn faszinierte eher die bildungsbürgerliche, wunderbare Sprache, die er auch in der von ihm edierten Ausgabe der *Erinnerungen aus Rubens* antraf, einem Werk, das ich später selbst in der neuen Werkausgabe mit herausgab.

BORMUTH Aber Sie lasen, wenn ich es richtig verstehe, Burckhardt gegen den Strich des rein Konservativen? Sie entdeckten vielmehr an Burckhardt die Chance, Kunst auch als kritisches Korrektiv der Gesellschaft zu erfahren.

WARNKE Für Burckhardt ist die Kunst eine Macht und Kraft für sich, die von Natur aus gegen alles Bestehende ist. In ihr sieht er die Bedingtheiten, in denen das Kunstwerk steht und auf die es zurückwirken kann. Burckhardt kritisiert zum Beispiel Michelangelo, der zu wenig auf die Bedingtheiten eingehe, um sie alternativ formen zu können. Er ist sehr dialektisch angelegt und versteht den Künstler in einem komplexen Verhältnis zur Macht.

BORMUTH Der Künstler besitzt demnach eine relative Freiheit, in allen Bedingtheiten der Machtverhältnisse seine Autonomie untergründig verwirklichen zu können.

WARNKE Es geht um die eigene Wahrheit des Künstlers im Gefüge der Welt. So waren die Bildnisse Tizians immer Auftragswerke; und trotzdem sind sie Burckhardt zufolge auch kritische Statements, die Menschen und Dinge darstellen, »wie sie sein sollten«.

BORMUTH Sie haben in diesem Sinne auch über Velázquez als Hofkünstler geschrieben; sein Porträt von Papst Innozenz X. sei auch eine sublime Distanzierung. Velázquez wahre die Konvention und bewahre zugleich den eigenen Blick.

WARNKE Die Forschung sagt auch gerne, Velázquez habe den Papst karikiert. So würde ich das gar nicht sehen. Er hat Innozenz wohl gewürdigt, aber man merkt in jedem Pinselstrich: Das ist keine papale Devotion. Wenn Sie in Rom vor dem Porträt stehen, kommen sie gar nicht auf die Idee, dass dieser Papst sympathisch sei oder Velázquez sich künstlerisch habe korrumpieren lassen. Das ist ein unglaublich souveränes Bild. Es wurde der bestehenden Gesellschaft, würde man mit Adorno sagen, abgerungen.

BORMUTH Burckhardts eigenwilliger Blick auf die Macht und Kraft von Kunst ist von Ihnen 1970 auch in zeitgemäßem Kontext behandelt worden.

WARNKE Auf diese Aussage lief auch der Aufsatz über »Burckhardt und Marx« hinaus, der im Jahr des Kölner Kongresses in der *Neuen Rundschau* erschien und versuchte, bei allen Unterschieden die vielfachen persönlichen und gedanklichen Berührungen zwischen beiden in den Blick zu rücken.

BORMUTH Können Sie uns kurz eine Vorstellung von dem Aufsatz geben?

WARNKE Beide Denker waren in den 1840er Jahren gemeinsam in Bonn und dort bekannt, Burckhardt auch befreundet mit dem ehemaligen Pfarrer und Kunsthistoriker Gottfried Kinkel. Sie können sich etwa auf dessen Hochzeit mit einer geschiedenen Katholikin begegnet sein. Während Burckhardt sich in der Folge von allem Politischen zurückzieht und sich auf die Kunst als Möglichkeit der gesellschaftlichen Kritik beschränkt, hält Marx die Ästhetik für weniger wichtig und wird in seinem Willen zur Veränderung immer dogmatischer. Friedrich Engels geht da andere Wege. Er schätzte Burckhardts aufwühlende *Kultur der Renaissance in Italien*, ein unglaublich originelles, riskantes, sehr umstrittenes Buch, eine regelrechte Kampfschrift, der es um die Entdeckung des Individuums geht.

BORMUTH Wie wurden Ihre Überlegungen aufgenommen?

WARNKE Ich war ein junger Mann, der zwischen die Fronten geraten war. Ich habe von Natur aus keinen revolutionären Impuls, aber kritisch würde ich mich schon nennen. Ein schönes Beispiel, wie die Überlegungen aufgenommen wurden, ist die Geschichte des Baseler Vortrags über Burckhardt und Marx, den ich in jenen Jahren in Anwesenheit von Werner Kaegi, dem großen Biographen, hielt. Er sagte nichts, aber schickte mir einige Wochen später einen Sonderdruck zu Burckhardt, versehen mit einer anerkennenden Widmung. Das empfand ich dann als eine stille und schöne Form der Nobilitierung. Ich kann nur hoffen, dass ich ebenso reagieren würde, wenn heute ein junger Fachgenosse so daherkäme.

BORMUTH Kommen wir nochmals auf eine kleine Schrift von Ihnen, die in diesen nicht einfachen Jahren nach dem Kölner Kongress entstand: der Essay über Vasari als Vater der Kunstgeschichte, den Sie für die *Süddeutsche Zeitung* schrieben. Der würde für mich auch in die mit Burckhardt entfaltete Sicht auf den um Autonomie ringenden Künstler passen.

WARNKE Vasari gilt als Vater der Kunstgeschichte, ihr Begründer und Heiliger. Ich habe ihn oft behandelt. Mein Buch über den Hofkünstler ist ganz aus Vasari geschöpft. Als ich gebeten wurde, den kleinen Essay zu schreiben, war wohl sein 500. Geburtstag der Anlass. Ich hatte die gängige Grundthese vor Augen: Vasari war Knecht von Cosimo I., dem Begründer des Absolutismus in Florenz. Dabei gab es viele Brüche bei Vasari, die besonders in den Änderungen zwischen der ersten und zweiten Auflage seiner Künstlerviten zum Vorschein kommen. Solche Brüche haben mich herausgefordert, in Vasari mehr als den hörigen, kritiklosen Knecht des Frühabsolutismus zu sehen, sondern einen Mann, der bei aller Anpassung die künstlerische Freiheit nicht aus dem Auge verliert.

BORMUTH Wie beurteilen Sie das heutige Kunstschaffen, bei dem man stark auf die Unabhängigkeit von Aufträgen pocht? Wären diese aus Ihrer Perspektive nicht gerade nötig, um untergründig wirksame Energien in der Kunst zu entwickeln?

WARNKE Ich habe, vereinfacht gesagt, einige Schwierigkeiten mit der Gegenwartskunst. Sie wendet sich sozusagen absolut asketisch gegen die Gesellschaft und hat nur mehr sich selbst im Blick. Man feiert sich in der Unabhängigkeit von offiziellen Aufträgen. Dabei erscheint mir dieser Betrieb in großen Teilen als irrelevant, trotz aller Preise, die es so noch nie in der Kunstgeschichte gab. Etwas grob gesagt: Ich sehe nicht, wie in solch einem Marktgeschehen die Kunst noch ihre Funktion als eine kritische Potenz erfüllen kann. Sie ist, um mit Adorno zu sprechen, affirmativ oder sie wird affirmativ gemacht. Aufgrund dieser Einstellung gelte ich heute unter Studenten als konservativer Antimodernist.

BORMUTH Wenn ich Sie richtig verstehe, existiert ein Kunstwerk immer in dem Spannungsverhältnis zwischen Auftraggeber, Künstler und Gesellschaft.

WARNKE Heute wird zu wenig gesehen, wie vereinnahmend bei scheinbarer Freiheit der Kunstbetrieb mit Geld und Vernissagen wirken kann. Es fehlen auch öffentliche Auftraggeber. Da beeindruckte mich schon, dass Gerhard Richter für den Kölner Dom ein Fenster schuf.

BORMUTH In Ihrem Buch *Hofkünstler*, das im Kern auf ihre Habilitation von 1969 zurückgeht, entwickelten Sie Mitte der 1980er Jahre Überlegungen, die in der These münden, dass es eigentlich keine Kunst ohne Auftrag gibt. Das heißt: Der Künstler muss sich immer, seien die Auftraggeber Staat, Gesellschaft, Kirche oder Markt, im Werk Freiheitsräume schaffen und bewahren.

WARNKE Ja. Er muss das Spannungsverhältnis zwischen den verschiedenen Erwartungen leben. Reine Freiheit gibt es nicht. Die kritische Kunstgeschichte hat die Aufgabe, das Werk in diesen Bedingtheiten zu sehen und seine oft subversiven Energien zu erkennen.

BORMUTH An dieser Stelle ist es vielleicht passend, das Gespräch auf Aby Warburg und das nach ihm benannte Wissenschaftshaus zu lenken, das Sie in den 1990er Jahren an der Universität Hamburg aufbauten. Warburg begründete in dem Haus bis zu seinem frühen Tod 1929 als deutscher Jude die Kulturwissenschaftliche Bibliothek Warburg. Nach seinem plötzlichen Tod und dem Machtantritt Hitlers 1933 entschieden seine verbliebenen Mitarbeiter in der bedrängten Lage, mit den gesamten Buchbeständen in London die Neugründung zu wagen. Privates Interesse und öffentliche Hand bildeten damals wie heute ein besonderes Verhältnis, das in Hamburg und London erlaubt, am Rand des Wissenschaftsbetriebs, so stellt es sich mir dar, mit einzelnen Forschern kunst- und kulturwissenschaftliche Probleme in großer Kontinuität und disziplinärer Offenheit anzugehen.

WARNKE Meine Geschichte mit Aby Warburg begann eigentlich schon während der Marburger Professur. Damals, in den frühen 1970er Jahren, hielt ich mit den Germanisten Gerd Mattenklott und Heinz Schlaffer ein kulturwissenschaftliches Seminar über ihn und seinen interessanten Schüler Edgar Wind. Von Warburg und seiner Bibliothek hatte ich zuerst von meinem Lehrer Kauffmann gehört. Dieser hatte wiederum bei seinem Lehrer Adolph Goldschmidt in den 1920er Jahren Panofsky kennengelernt, der den dortigen Lehrstuhl innehatte und eng mit Warburg und seiner Bibliothek verbunden war.

BORMUTH So folgten Sie mit besonderem Vorwissen 1978 dem Ruf nach Hamburg?

WARNKE Es war noch ein bisschen merkwürdiger. Schon in meiner Zeit als Habilitand in Münster erhielt ich auf einem Kongress in Hamburg über ein ausliegendes Blatt Informationen über das Warburg-Haus aus der Perspektive des Denkmalschutzes. Ich erinnerte mich an den Zettel, den ich aufgehoben hatte, als ich nach Hamburg kam, und suchte bald die Heilwigstraße auf, in der das Haus stand. Allerdings verscheuchte mich der Besitzer. Ursprünglich ein stattliches Haus, wirkte es zu der Zeit baufällig und wie eine Ruine. Die Warburg-Bank oder Warburgs Witwe muss es in den 1930er Jahren verkauft haben. Besonders mit Werner Hofmann, dem damaligen Direktor der Kunsthalle, kam ich über Warburg und seine Ideen ins Gespräch. Letztendlich reifte der Entschluss, wir müssten diese nach London emigrierte Institution in dem von Warburg extra für die Bibliothek erbauten Gebäude wieder für die Kunst und Kulturgeschichte als Ort der Forschung und der Vermittlung zu neuem Leben erwecken.

BORMUTH Welche Schritte unternahmen Sie auf dem Weg der Gründung?

WARNKE Wir hatten sehr viel Glück bei dem Versuch, finanzielle Unterstützung für das neue Warburg-Haus zu gewinnen. Zuerst ergab es sich, dass der Hamburger Oberbürgermeister Voscherau und der Leiter der Bank, Max Warburg, aber besonders der Wissenschaftssenator Hajen dem Unternehmen sehr zugetan waren. Die Stadt kaufte das Haus und brachte es unter hohen Kosten wieder weitgehend in den ursprünglichen Zustand. Nach langen Gesprächen lag pragmatisch das Modell einer Stiftung nahe, die für das Haus verantwortlich zeichnete und dem Kunsthistorischen Institut dessen Leitung anvertraute. Die Universität ist über den Präsidenten Mitglied in ihrem Aufsichtsrat. Um die Stiftung mit ausreichendem Vermögen auszustatten, um Forschung und Vortragsleben zu ermöglichen, konnten wir einmal Jan Philipp Reemtsma gewinnen. Dieser offene und fortschrittliche Geist, der als Leiter des Hamburger Instituts für Sozialforschung und als Mäzen tätig war, gab in seinem und im Namen seiner Mutter eine hohe Summe im kritischen Gedenken an seinen Vater, der im Nationalsozialismus als Industrieller mit dem Regime eng verbunden gewesen war. Zudem führte ein Artikel von Petra Kipphoff in der *Zeit* dazu, dass ein Ingenieur, Hans Reimer, der als privater Kunstfreund den Goethe-Freund Hackert sammelte, uns mit einem hohen Betrag ausstattete. So sind also die Stadt, die private Wirtschaft und die Universität über das Kunsthistorische Institut gemeinsam dafür verantwortlich, dass das Warburg-Haus wieder ein interdisziplinärer Ort des Forschens und Vortragens sein kann.

BORMUTH Damit sind Sie auf eigene Weise in die Fußstapfen von Aby Warburg getreten. Er hatte sich ganz auf die Entscheidung der Brüder verlassen können, ihm mit dem Haus den Rahmen zur Forschung zu geben und ihn zeitlebens mit Geld für die Bücherkäufe auszustatten. Am Ende waren es rund 60000 Bände, die er nach Themen und Problemen geordnet im Haus zur Verfügung hatte. Bei Ihnen waren es die Stadt und Mäzene der freien Wirtschaft, die in Verbund mit der Universität erlaubten, das Haus wieder zu beleben. In allen damit verknüpften Bedingtheiten, so scheint mir, existieren für die Wissenschaft besondere Freiräume, die auch Ihnen erlauben, wie Warburg, weit gespannte Forschungsfragen im Austausch mit Wissenschaftlern aus vielen Ländern und Fächern zu entfalten.

WARNKE Wenn uns das immer wieder gelänge, wäre es schön. Dabei muss man sehen, dass Warburg selbst eine hochproblematische Natur war. Er hat relativ wenig geschrieben. Er hat kaum etwas definitiv zu Papier gebracht, worin er übrigens Jacob Burckhardt ähnelt, der nach dem *Cicerone* und *Der Kultur der Renaissance* nichts mehr veröffentlichte. Wie kritisch Warburg dabei dachte, zeigt sein großartiger Aufsatz aus dem Ersten Weltkrieg, den er der Bild-Propaganda der Luther-Zeit widmete, immer im Blick auf die eigene Zeit, legte er doch eine große, heute verlorene Sammlung von Zeitungsausschnitten während des Krieges an. Er hatte gemerkt, dass da eine groß angelegte Verblendung durch Propaganda im Gange war.

BORMUTH Mir scheint das Beispiel für das kritische Potential der Kunstwissenschaft zu sprechen, die sich im historischen Beispiel indirekte Freiheiten nehmen kann, auch wenn sie über die Finanzierung mit staatlichen und wirtschaftlichen Interessen verknüpft ist.

WARNKE Aby Warburg war ein ganz eigensinniger Kopf. Er hatte in seinen reifen Jahren schwere persönliche Probleme psychologisch-psychiatrischer Art. Inzwischen sind die Protokolle der Zeit, die er als langjähriger Patient in dem Schweizer Sanatorium Kreuzlingen bei Ludwig Binswanger zubrachte, auch veröffentlicht worden. Eine heikle Sache: Soll man einen solchen Forscher psychisch nackt gleichsam ins Licht einer Öffentlichkeit stellen, zumal diese kaum befähigt ist, die psychiatrischen Informationen zu verstehen? Ernst Gombrich berührte in seiner Biographie diese Zusammenhänge nur am Rande.

BORMUTH Von Karl Jaspers her würde ich denken, dass die psychiatrischen Befunde schon ein großes Interesse beanspruchen dürfen, wenn man sie als medizinische Bedingtheiten versteht, in deren biologischem und psychologischem Gefüge die besonderen Wege des Erkenntnisgewinns bei Warburg deutlich werden könnten. Wenig Sinn ergibt es, sensationelle Daten zu liefern, die ohne pathographische Auslegung in dem genannten Sinne blieben, sondern vielmehr die Person des Forschers pathologisieren. Aber es ist schon wichtig, angesichts des klinischen, sachlichen und biographischen Wissens überlegen zu können, wie die schwere psychische Krise den kreativen Prozess beeinflusst haben könnte und wie die geistigen Energien den psychischen Zustand gehoben haben könnten. Zumindest gibt es für Warburg die Vermutung, wenn man an die Geschichte seines Kreuzlinger ethnologischen Vortrags denkt, bei dem ihm als Besuch aus Hamburg der Philosoph Ernst Cassirer zur Seite stand.

WARNKE Ja. So weit kann ich Ihnen gerne folgen. Vielleicht kann man mit den Namen von Cassirer und Panofsky, die beide ebenfalls jüdischer Herkunft waren, noch eine Hamburger Besonderheit betonen, die sich an die Person von Aby Warburg knüpft. Dieser war maßgeblich daran beteiligt, dass bei der Gründung einer Universität wie in Frankfurt das jüdische Bürgertum nicht nur die Finanzierung zu großen Teilen mittrug, sondern auch bei der Besetzung der Professuren erstmals viel stärker berücksichtigt wurde, eine Tendenz, die in den Jahren nach 1933 ganz zurückgenommen wurde.

BORMUTH Wie schätzen Sie das Verhältnis von Aby Warburg zu den beiden bekannten Geisteswissenschaftlern ein?

WARNKE Vielleicht beginne ich mit einigen Sätzen zum Verhältnis von Warburg und Panofsky. Beide schätzten sich, aber mieden sich auch. Panofsky hatte in der Universität als Hilfswissenschaftler angefangen und musste neben den Vorlesungen noch Bücher beschaffen und die großen Diapositive beschriften. Später kam er nur jeweils zu Buchrecherchen ins Warburg-Haus, verfügte er doch über eine Bibliothek in der Kunsthalle, wo das Institut untergebracht war. Der kurzzeitige Plan, mit Warburg ein Haus zu beziehen, wurde wieder fallen gelassen. Warburg war ja auch nicht einfach. Mit ihm als autokratisch veranlagtem Menschen in einem Haus zu leben, war sicher kein Vergnügen. Panofsky war allerdings befreundet mit Fritz Saxl, Warburgs rechter Hand. Sie führten auch gemeinsame Seminare durch und schrieben gemeinsame Studien. Ich würde gleichwohl zögern, Panofsky für einen Exponenten der wissenschaftlichen Position Warburgs zu bezeichnen, auch wenn er berühmte Texte wie *Idea* oder *Hercules am Scheideweg* in den *Vorträgen* und *Studien der Bibliothek Warburg* veröffentlichte. Die Arbeiten entsprechen nach meinem Ermessen nicht dem besonderen Warburgschen Geist oder Duktus. Beide wirkten in Hamburg – sicher nicht gegeneinander, aber auch nicht sympathetisch. Dabei hat Panofsky sicherlich den besten und schönsten Nachruf auf Warburg formuliert, der auch dessen Theorie präzise fasst.

BORMUTH Wie fügt sich der Philosoph Ernst Cassirer in diese Hamburger Konstellation von kulturwissenschaftlich orientierten Kunsthistorikern ein?

WARNKE Panofsky bezog sich stärker auf Cassirer und dessen in Hamburg entstandene *Philosophie der symbolischen Formen*. Seine Schüler wies er immer auf Cassirers Werk und Bedeutung hin. Warburg erkannte Cassirer sehr an und förderte seine Stellung als Wissenschaftler an der Universität, aber im Kern blieb ihm sein Ansatz weniger vertraut. Cassirer hielt bei aller Schätzung von Aby Warburg, die sich ja auch in dem Besuch in Kreuzlingen ausdrückt, in der Sache auf persönliche Unabhängigkeit und vornehmen Abstand. Er ließ sich für seine Studien die Bücher körbeweise aus der Warburg-Bibliothek nach Hause in die Rosenstraße bringen. Als Warburg plötzlich starb, hielt Cassirer eine bewegende Rede am Grab.

BORMUTH Und wenn Sie selber die Tradition der ikonographischen und ikonologischen Forschung in Hamburg beurteilen sollten: Was könnten Sie sagen?

WARNKE Ich erhielt schon in München Hinweise von Hans Sedlmayr, der Panofsky mit großem Respekt in seiner Manierismus-Vorlesung erwähnte: »Wie in allem, was Panofsky angefasst hat, hat er auch hier neue Kontinente erschlossen.« Auch mein Berliner Lehrer Kauffmann war sehr an Panofsky interessiert. Er kannte ihn von den Besuchen in Hamburg während der Weimarer Jahre, von denen er sehr gerne sprach. Auch hatte Kauffmann selbst ein ikonographisches Interesse, etwa in der Deutung niederländischer Stillleben. Panofskys große Studie *Die Altniederländischen Malerei* nannte er immer wieder. Er besuchte ihn auch nach dem Krieg in Princeton am Institute for Advanced Studies.

BORMUTH Haben Sie selbst Erwin Panofsky noch kennengelernt?

WARNKE Nein. Wir haben anlässlich seines 100. Geburtstags an der Universität Hamburg im Jahr 1992 einen großen Kongress abgehalten, den auch meine Kollegen Horst Bredekamp und Klaus Herding mittrugen. Dort sprach ich, wie auch meine Kollegen, zu Panofsky und versuchte, wie auch in vielen meiner Seminare, seine Methode zu vermitteln. Heute gibt es eine lebendige, durchaus kontroverse Forschungsdiskussion, die sich vor allem an der fünfbändigen Ausgabe der Briefe und der Erstveröffentlichung von Panofskys Habilitationsschrift entzündet. Sowohl seine methodischen Überlegungen als auch seine Stellung zur deutschen Wissenschaft nach 1945 werden heute sehr unterschiedlich beurteilt. Ich habe in Rezensionen teilweise meine Sicht dargelegt. Für uns in Hamburg gehört Panofsky mit Aby Warburg zum Kern der ikonographischen Tradition, die wir an der Universität und im Warburg-Haus weiterentwickeln wollen.

BORMUTH Kommen wir abschließend nochmals auf die Zäsur 1933 zu sprechen, die zum Abbruch dieser Tradition in Hamburg führte. Die Konstellation um das Warburg-Haus löste sich auf. Ernst Cassirer ging vorerst nach England, und Erwin Panofsky blieb in Princeton und lehrte in New York, wo er schon seit 1932 als Gastprofessor an der Universität wirkte. Karen Michels hat in der Buchreihe des

Warburg-Hauses ihre Forschung über Panofsky in Amerika veröffentlicht. Es wurde am Warburg-Haus eine Forschung initiiert, welche die Lebenswege der Wissenschaftler dokumentiert, die als deutschsprachige Kunsthistoriker ins Exil gehen mussten.

WARNKE Es handelte sich um ein insgesamt achtjähriges Projekt, das von mir nur betreut und von Ulrike Wendland durchgeführt wurde. Der Anstoß kam nicht primär vom Warburg-Haus. Vielmehr fragte man sich in der DFG, ob es emigrierte Methoden gibt. Ich las das und dachte an die ikonographische Methode, die Panofsky vertrat und die hierzulande praktisch verschwunden war. Wir erhielten Gelder und konnten rund 200 promovierte, jüdische Emigranten ausfindig machen, die Kunsthistoriker und höchst kreativ waren. Daraus entstanden ein zweibändiges Lexikon und ein Exil-Archiv im Warburg-Haus.

BORMUTH Herr Warnke, ich möchte zum Ende unseres Gespräches fragen: Was würden Sie heute jungen Akademikern raten, die über das Studium hinaus den risikoreichen Weg der Forschung einschlagen wollen? Was könnten Sie anraten, um der Gefahr zu entgehen, zu einem Hofwissenschaftler zu werden, der sich an die herrschenden Umstände schlicht anpasst, von der berechtigten Sorge umgetrieben, kein akademisches Ziel erreichen zu können?

WARNKE Es gibt keine einfache Antwort in einer solch schwierigen Lage. Eine wichtige Grundlage für ein fruchtbares Forschen scheint mir eine wirklich persönliche Position und Fragestellung zu sein, von der man ausgeht und zu der man immer wieder zurückkehrt. Man muss das Glück haben, auf eine leitende Idee zu stoßen, die erlaubt, einer sachlichen Mission zu folgen. Für mich war es damals eine nachhaltige Erfahrung, das gängige Rubensbild durch die Briefe, auf die ich stieß, revidieren zu können. Die Frage nach dem Hofkünstler und den Bedingungen seines Schaffens ließ mich nicht mehr los. Zuletzt bin ich den Möglichkeiten, das Individuelle im Konventionellen ins Bild zu setzen, für Velázquez nachgegangen.

BORMUTH In dem Buch schildern Sie den spanischen Hof des 17. Jahrhunderts auch als Ort der Bildung. Der Künstler erhält offiziell den Auftrag, durch sein Werk dem jungen König und seinem Hofstaat die Augen für die Wirklichkeit des Lebens zu öffnen. Neben dem »literarischen Curriculum« steht die Agenda der Bilder, des »unverschönten niederen Genres«, für die der Hofkünstler verantwortlich zeichnet. Mir scheint sein Ethos, die Wirklichkeit der Menschen im Bild zu erschließen, auch in Ihrem Werk wirksam zu sein. Als kritischer Kunsthistoriker weisen Sie höflich aber erkennbar auf unbequeme Realitäten hin, die in den Künsten sichtbar, aber in der Wahrnehmung gerne übersehen werden. Könnte man das so sagen?

WARNKE Sie charakterisieren es richtig. Es gibt kaum einen Künstler, der äußerlich ganz in höfischen Existenzbedingungen so sehr verstrickt war wie Velázquez und zugleich kaum einen, dessen Werke so wenig von solchen Verstrickungen bestimmt erscheinen.

*Hamburg, im Februar 2016*

# »Ich schätze die implizite Darstellung …« Gespräch zum *Hofkünstler*

BORMUTH Herr Warnke, Ihr bekanntestes Buch ist der *Hofkünstler*. Sein Untertitel *Zur Vorgeschichte des modernen Künstlers* deutet schon seinen provozierenden Zug an. Unter anderem zeigen Sie, dass der an die höfische Macht gebundene Künstler über Privilegien verfügte, von denen jene in den Städten oft nur träumen konnten. Auch belegen Sie aus den Quellen, dass der moderne Künstler nach der Französischen Revolution nicht zuletzt von diesem höfischen Erbe zehrte, das in vielfachen Formen verändert in den bürgerlichen Gesellschaften übernommen wurde. Wie kamen Sie auf diese Gedanken?

WARNKE Bei mir begann alles bei Rubens, dessen geschicktes Agieren und vieldeutiges Malen für die wichtigsten europäischen Höfe ich schon in meiner Dissertation über seine Briefe behandelt hatte. Anschließend kehrte das Thema am Kunsthistorischen Institut in Florenz wieder, wo ich als Stipendiat des Kunsthistorischen Instituts mich Andrea Mantegna zuwandte. Von Florenz aus gesehen war meine Beschäftigung mit Hofstrukturen Oberitaliens, wie sie Mantegna in Mantua antraf, eher ungewöhnlich.

BORMUTH Was fanden Sie heraus?

WARNKE Mantegna lebte in normalen Verhältnissen in Padua, wo er Prozesse zu führen hatte, wenn er religiöse Themen ikonographisch eigenwillig deutete. Er erhielt eine Einladung vom Hof in Mantua. Zuerst zögerte Mantegna;

aber als der Fürst ihm ein Haus und lebenslängliches Jahresgehalt zusagte, nahm er das Angebot an. Seine Witwe erhielt nach seinem Tod – wie es üblich war – noch eine Pension. Ich fand das alles verblüffend, als ich im Archiv die Akten las und feststellte, wie nahe Mantegna dem Hof gekommen und wie fern er als Privilegierter der Stadt entrückt war.

BORMUTH In dem Buch schildern Sie für Giotto ebenso, wie er anfänglich als Hofmaler reüssierte, bevor er mit diesem Ruf auch wichtige städtische Aufträge erhielt.

WARNKE Giotto war erst am Hof von Neapel, wo er sich entfalten konnte und Privilegien genoss, die er dann in Florenz geltend machen konnte. Das alles waren aufschlussreiche Zusammenhänge, die nicht so geläufig waren.

BORMUTH Passte es nicht in das Bild der Stadt als Hort der bedeutenden Künstler, dass diese in höfischen Verhältnissen die Chancen hatten, viele ihrer selbstständigeren Vorstellungen zu verwirklichen?

WARNKE Tatsächlich stellte ich fest, dass viele städtische Künstler, nicht nur aus Florenz, an Höfe gegangen waren, da sie dort bessergestellt waren. So war Alberti ursprünglich aus Florenz verbannt worden und kam dann an den Höfen wunderbar durch. Auch Leonardo ging von Florenz, wo er als uneheliches Kind Nachteile hatte, an den Mailänder, schließlich an den französischen Hof. Es waren komplexe Bedingungsverhältnisse, über die man sich bisher nicht so klar war. Später konnte ich zeigen, dass es europäische Höfe waren, die in Frankreich, England und Italien am Ausgang des Mittelalters die Künstler aus dem Stand des reinen Handwerkers erhoben, ihnen ein »ingenium« zusprachen. In der Vorstellung der Stadtbürger gehörten die Künste dagegen noch ganz zum Handwerk. Erst durch die höfischen Privilegien wurden sie wie Vertreter der »artes liberales«, der freien Künste, behandelt und manchmal auch geadelt.

BORMUTH So ergibt sich für das moderne Bewusstsein die kontraintuitive Einsicht, dass die höfische Welt für die Künstler zumindest eine Möglichkeit bot, eine freiere Kunst zu entwickeln.

WARNKE Allerdings muss man wiederum zur Ehrenrettung der Städte sagen, dass die Zünfte vor allem die wichtige Aufgabe wahrnahmen, die Künstler handwerklich auszubilden. Sie waren verantwortlich für das Handwerk als Grundlage des Schaffens. Das heißt: ohne Zunft kein Künstler. Der Hof bildete nicht aus. Er hatte kein Lehrsystem, während die Zünfte über ein striktes, pädagogisch durchdachtes, manchmal ausbeuterisches Ausbildungssystem verfügten.

BORMUTH Das System »Hof« kann demnach nur für den Künstler positiv wirken, der sich das Handwerk schon im zünftigen Raum erworben hat.

WARNKE Künstlerausbildung war immer Sache der Zunftmeister. Heute geschieht dies an den Akademien, denn Zünfte gibt es nicht mehr. Eigentlich ein unglücklicher Zustand; es müsste mehr handwerkliche Lehrsysteme in Deutschland geben. Die Akademien kommen als Institutionen, die ursprünglich zur höfischen Welt gehörten, diesem grundlegenden Bedürfnis des werdenden Künstlers nur unzureichend entgegen; dass sie heute in der Regel das Abitur verlangen, widerspricht dem Wesen künstlerischer Begabung.

BORMUTH Was fiel Ihnen weiter auf?

WARNKE Bei Rubens stellte ich zuerst fest, dass er nach den ersten Jahren als Hofkünstler in Mantua am Brüsseler Hof alle Privilegien einschließlich eines sehr guten Jahresgehaltes besaß; trotzdem zog er es vor, in Antwerpen und nicht am Hof zu leben, wohl um dessen Intrigen und Ränken nicht direkt ausgesetzt zu sein. Das ist ein Privileg, das erklärungsbedürftig ist. Ich habe diesen Typus schließlich den »Hoflieferanten« genannt.

BORMUTH Das heißt, Rubens war ein Künstler, der zum einen die Privilegien des Hofes genoss, aber nicht streng in dessen Leben eingebunden war. Und zudem unterstand er nicht den Zunftgesetzen der Stadt.

WARNKE In der Stadt musste er natürlich mit allen verhandeln, aber er hatte als Hofkünstler das Privileg, beliebig viele Schüler haben zu dürfen, während die Zunft die Grenze etwa bei drei Gehilfen setzte. Zudem war er später als Geadelter steuerfrei. So konnte er als »Hoflieferant« alle höfischen Privilegien nutzen und zugleich Distanz zum Hof halten – so wie es vor ihm etwa Dürer und Tizian gehalten hatten.

BORMUTH Ein wirklicher Vorteil.

WARNKE Für mich ist die Preisgestaltung eines der folgenreichsten Beispiele für den Vorteil des Hofes. Die Zunft berechnete den Preis über die beanspruchte Zeit, die man für das Werk aufgewendet hatte, über die Materialkosten und einen gewissen Lohn, der nicht selten an quantitativen Kriterien wie etwa der Größe bemessen wurde. Alles war normiert. Anders verhielt es sich bei oft ja auch geadelten Hofkünstlern wie Rubens oder Velázquez. Am Hof konnte man als Angestellter dem Herrscher nichts verkaufen, sondern ihm nur etwas schenken und ein Gegengeschenk des Fürsten erwarten. Ein Adliger darf sein Geld nicht mit seiner Hände Arbeit verdienen, entsprechend vergeistigen die Kunsttheorien die künstlerische Arbeit, um die höfischen Kriterien auch in den Städten zu erreichen. Damit waren an den Höfen die engen Grenzen der zünftigen Normen gesprengt.

BORMUTH Haben Sie ein Beispiel?

WARNKE Cellini erzählt die Geschichte, wie er dem König, Franz I., in Paris ein bestelltes kunstvolles Salzfass, das sich heute in Wien befindet, überreicht und der König entzückt ausruft: »Aber das kann ich doch nicht bezahlen!« Daraufhin macht Cellini eine Geste, als wolle er das Salzfass hinschmeißen, und sagt: »Das Werk ist ein Geschenk und Eure Majestät denken gleich an Geld!« Dies wäre nicht möglich gewesen in zünftigen Verhältnissen, wo man nach Zeitaufwand und Material schätzen ließ. Im 19. Jahrhundert fanden diese höfischen Praktiken um das Honorar dann Einzug in die bürgerliche Gesellschaft, bis hinein in die Abgründe des spekulativen Kunsthandels. Die heutige Preisgestaltung für Kunstwerke ist mit handwerklichen Kriterien unvereinbar.

BORMUTH In Ihrem Buch beschreiben Sie die Französische Revolution als grundsätzliche Zäsur, in deren Folge die ehemals höfisch engagierten Künstler polemisch zur Rechenschaft gezogen wurden. Ein literarisches Beispiel aus Deutschland ist Börnes spätere Attacke gegen Goethe als »Fürstenknecht«.

WARNKE Ja. Die Künstler waren angeklagt, durch die persönliche Teilhabe am System der Macht korrumpiert worden zu sein. Endlich hätten sie die Möglichkeit, so die enthusiastische Forderung in der Französischen Revolution, sich mit dem Volk zu verbünden und so die wahre und freie Kunst zu begründen. Die Rhetorik dieser Anklage im Namen der Freiheit ist polemisch. Dabei sind die Akademien, die man als Institutionen weiterführte, ursprünglich höfische Institutionen und bewahrten deshalb auch einen eher unbürgerlich-freien Geist.

BORMUTH Das Phänomen des Hofkünstlers haben Sie in Büchern zu Rubens und Velázquez ausführlicher geschildert; die systematische Darstellungsgeschichte zunächst in der Münsteraner Habilitationsschrift zum Hofkünstler, die seitdem als Buch umgearbeitet wurde. In der Zwischenzeit schrieben Sie ein kleineres Buch über *Cranachs Luther*, das zum 500. Geburtstag des Reformators erschien. Darin zeigen Sie, wie der Untertitel *Entwürfe für ein Image* andeutet, dass die protestantische Bildpolitik nicht unerheblich für den Erfolg Luthers im breiten Volk wurde.

WARNKE Als mein Kollege Klaus Herding im S. Fischer Verlag seine neue Reihe »Kunststücke« begründete, bat er mich um diesen Cranach-Band. Ich bin seinem Auftrag gerne gefolgt, zumal es auch um Luther ging. Ich selbst war in unserer Pastorenfamilie als ältester Sohn dafür vorgesehen, das Erbe des Pfarrberufes anzutreten, was dann aber mein jüngerer Bruder Christof einlöste.

BORMUTH So entspricht Ihr Interesse an Luther auch einer gewissen familiären Prägung?

WARNKE Ja. Das muss wohl so sein, obwohl ich der väterlichen Bestimmung, Theologe zu werden, nicht gehorcht habe. Das Interesse an Lutherbildnissen ergab sich früh, als ich als Oberschüler über die Lutherfigur unserer Kirche im Archiv unseres Pfarrhauses nachforschte und die kunstgeschichtliche Arbeitsweise kennenlernte. Mein Text ist dann unter dem Titel »Ein Kruzifix und eine Lutherstatue in der Laurentius Kirche in Trebur« im *Hessischen Jahrbuch für Kirchengeschichte* erschienen. Ich schätze diesen frühen Versuch eigentlich immer noch.

BORMUTH Kommen wir von diesen biographischen Bedingungen des Schreibens zurück zu Ihrem Buch. Sie zeigen, wie Cranach verschiedene Lutherbilder entwirft, die auch dem Bedürfnis des Publikums entgegenkommen, in allem radikalen Wandel vertraute Figuren des Glaubens, wie den Mönch, den Humanisten und den Heiligen, in Luther wiederzufinden. So stellen Sie am Ende heraus, dass die protestantische Bildpolitik nicht radikal mit der katholischen Tradition bricht, sondern in Cranachs Holzschnitten vielfach an diese anknüpft. Schon die Tatsache, dass man bei allem Bezug auf die Schrift weiterhin stark auf das Bild als Medium der radikalen Botschaft setzt, zeugt davon.

WARNKE Andreas Tacke hat 1992 in seinem Buch *Der katholische Cranach* nachdrücklich auf diese Ambivalenz aufmerksam gemacht. Friedrich der Weise hielt mit seiner Sammlung von Reliquien an der von Luther verworfenen Tradition des Reliquienkultes fest und beauftragte Cranach, ein Buch mit Holzschnitten nach allen Reliquiaren anzufertigen. So wurde gleichzeitig mit Luthers Thesen-Anschlag noch eine große Reliquien-Ausstellung durchgeführt, eine Einnahmequelle erster Güte.

BORMUTH Aufschlussreich scheinen mir auch Ihre Hinweise darauf, dass Cranach nicht nur Aufträge vom Hof seines Förderers Friedrich des Weisen erhielt. Ebenso nahm er Aufträge des katholischen Gegenspielers Albrecht von Brandenburg an.

WARNKE Cranach fertigte Porträts des späteren Mainzer Erzbischofs an und schuf mit seiner Werkstatt zahlreiche Altarbilder für ihn. Er verhielt sich als professioneller Hoflieferant, der ohne Scheu Bestellungen von weltanschaulich verfeindeten Seiten entgegennahm.

BORMUTH Ich möchte noch einen anderen Gedanken aufgreifen, der Ihre Überlegungen in *Cranachs Luther* mit jenen aus dem wenig später erschienenen *Hofkünstler* verbindet. Dort enden Sie mit dem Vergleich des Hofkünstlers mit dem Avantgarde-Künstler. Diesen bestimmen Sie vor allem als Ausnahmegestalt, die ihre Selbstverwirklichung in Freiheit sucht. Wenn man Luthers Anspruch betrachtet, im Rahmen des biblischen Horizontes sich im Hören auf das eigene Gewissen radikal von der Tradition absetzen zu können, liegt darin eine Parallele.

WARNKE Am Ende ist Luther ein unglaublich intuitiv agierender Mensch, ein religiöses Genie, das unter großen Bedingtheiten sein reformatorisches Werk schafft. Er war in Worms wirklich am Ende, als er zum Kaiser sagen musste: »Hier stehe ich und kann nicht anders. So wahr mir Gott helfe.« Den einzigen Brief, den er über das Ereignis von Worms, noch auf dem Weg nach Wittenberg, geschrieben hat, richtete er an Cranach, mit dem er auch sonst eng verbunden war. Da scheint es eine Verwandtschaft zu geben. Beide sind nicht ganz unabhängig. Der Maler muss am Hof beständig abwägen; und Luther ist auf den Schutz des Kurfürsten angewiesen, ohne dessen Entführung auf die Wartburg er hilflos den Folgen des Bannspruchs ausgeliefert gewesen wäre.

BORMUTH Diese Zusammenhänge lassen mich an einen weiteren Akzent denken, den Sie im *Hofkünstler* setzen. Sie beschreiben ihn als eine oft merkwürdige Gestalt, dessen Eigensinn vom Hof geduldet wird, weil sein Tun mit solch einzigartigen Erzeugnissen verbunden ist. Der Souverän zeigt um der Sache willen eine Toleranz, die in zünftigen Verhältnissen kaum möglich wäre.

WARNKE Das ist in der Tat eine Einsicht meines Buches, die mich selbst verblüfft hatte.

BORMUTH War nicht auch Aby Warburg, der sich als Kunsthistoriker in den ganz anderen mäzenatischen Verhältnissen einer Hamburger Privatbank einen produktiven Ort schuf, solch eine merkwürdige Figur jenseits des zünftigen Betriebs, die später auch als psychisch kranker Wissenschaftler seinem leidenschaftlichen Fragen nachging?

WARNKE Ja. Im Fach der Kunstgeschichte ist Warburg vielleicht eine Art Luther. Warburg schrieb zur Zeit des Ersten Weltkriegs selbst auch über Luther und die reformatorische Bildpolitik. Auch sein Tun ist mit einem Moment des Widerstands verbunden, einer Problemstellung, für die es keine geläufigen Lösungen gibt. Gegen fachliche Traditionen bestand er auf ganz eigenen Fragen, die in Methode und Sache eine bis heute fruchtbar kulturwissenschaftlich ausgerichtete Kunsthistorie nach sich zogen.

BORMUTH Hat dies etwas mit dem Schluss Ihres Buches zu tun, in dem Sie das Leiden des Künstlers beschreiben, der am Hof mit einer Vielzahl von Erwartungen konfrontiert wird, die er in seinem Werk sowohl zu erfüllen als auch zu unterlaufen bestrebt ist? Der Hofkünstler steht demnach bei allen Privilegien, die er genießt, auch für eine

Geschichte des Leidens. Sie schreiben: »Daß die Künstler über die Höfe zu einer höheren Bestimmung fanden, ist weniger ein Kapitel ihrer Ruhmes – als ein Kapitel ihrer Leidensgeschichte.«

WARNKE Ja. Am Ende kocht mein Text etwas über. Das Pathos ist stark. Dabei müssen die Hofkünstler nicht gelitten haben; wenngleich jemand wie Mantegna wohl darunter gelitten hat, dass er nicht im städtischen Milieu gedeihen konnte. Dass er als erster in Italien seine Werke als Holzschnitte vervielfältigte, deutet darauf hin, dass er auch nach außen wirken wollte.

BORMUTH Sie haben sich später auch kurz über das Problem des ostdeutschen »Staatskünstlers« geäußert, als Sie einen Artikel zu Leben und Werk von Willi Sitte schrieben. Dieser habe in der DDR Privilegien genossen, offizielle Aufträge erfüllt und diese zugleich oft unterlaufen. Die gängige Wahrnehmung sieht das anders, scheut sich, im Tun der staatlich privilegierten Künstler auch Formen der Subversion anzuerkennen.

WARNKE Diese Ansicht verband mich immer mit Eduard Beaucamp, der über Jahrzehnte in der FAZ gegen die dogmatische Ansicht von den ostdeutschen »Staatskünstlern« anschrieb, vor allem im Blick auf Werner Tübke, Bernhard Heisig und Wolfgang Mattheuer. Ich selbst fuhr zu den deutschen Ausstellungen in Dresden, da mir dort das Hofproblem sehr virulent schien. Aber über Willi Sitte, der auch dogmatische Züge hatte und sehr umstritten war, habe ich erst geschrieben, als man im Westen nach der Wende sich über den »Staatskünstler« erhaben dünkte. Es wäre genauer zu fragen: Gab es in der DDR eine »Hofkunst«, die denkbare Freiräume subversiv zu nutzen wusste?

BORMUTH Mir scheint, dass es Ihrem Naturell mehr entspricht, solche politisch aktuellen Problemstellungen in historischen Beispielen so darzulegen, wie Sie es in den Monographien zu Cranachs Luther, Rubens und Velázquez getan haben.

WARNKE Es gibt eine gewisse Hemmung oder Zurückhaltung bei mir, diese Dinge in zeitgenössischen Bezügen zu explizieren. Ich schätze vielmehr die historische und implizite Darstellung.

BORMUTH Für mein Urteil versuchen Sie, Ihren Lesern kritische Einsichten in geschichtlichen Gestalten und Andeutungen zwischen den Zeilen zu vermitteln.

WARNKE So ist es. Das Moment des Entdecken-Könnens muss für den Leser bewahrt bleiben.

BORMUTH Ihnen ist es nicht um blanke Mitteilung zu tun, die einfach zu lesen wäre. Sie bieten höfliche Formen des Versteckten und Angedeuteten. Mich erinnern diese Überlegungen an Nietzsches bekannten Satz »Jeder tiefe Geist benötigt eine Maske.« Die Entdeckung des tiefer Gemeinten kann gelingen, wenn das Publikum einen weiteren Satz Nietzsches beherzigt: »Lernt mich langsam zu lesen.« Es ist, als ob Sie der Öffentlichkeit mit einer Höflichkeit begegnen, die erlaubt, bei aller Kritik gegenseitig das Gesicht zu wahren. Wenn Sie im *Hofkünstler* zum Schluss auch sublim Kritik am Avantgarde-Künstler üben, so muss das nur der merken, der aufmerksam liest.

WARNKE So könnte man es sagen.

BORMUTH Nur die Rede, die Sie als gerade Habilitierter im Jahr 1970 auf dem Kölner Kunsthistorikertag hielten, scheint mir eine große Ausnahme von der Regel des Sublimen zu bilden. Schon der von der *Stuttgarter Zeitung* beim Erstdruck gewählte Titel »Wissenschaft als Knechtungsakt« spricht mit polemischer Verve den gelehrten Fachvertretern ins Gewissen. Sie läuteten als relativ junger Mann ohne festes Amt eine Reform des Faches ein, deren Entschiedenheit etwas von dem »protestantischen Prinzip« hat, das Heinrich Heine in der Nachfolge Luthers auch im säkularen Deutschland am Wirken sah.

WARNKE Es war ein langer Weg, der zur Kölner Rede führte. Als ich Stipendiat in Florenz war, hörte wir von den revoltierenden Studenten, deren Geist mir aus den eigenen Anfängen um 1962 in der Studentengemeinde um den aufgeklärten Protestanten Helmut Gollwitzer geläufig war. Als mich Tilmann Buddensieg, der in meiner Berliner Zeit Assistent am Kunstgeschichtlichen Seminar gewesen und inzwischen Präsident des Kunsthistorikerverbandes geworden war, bei einem Besuch in Florenz fragte, ob ich die von Mittelbau und Studenten geforderte »kritische Sektion« zur Fachgeschichte auf dem Kölner Reform-Kongress übernehmen könne, lehnte ich erst ab. Als er auf seiner Reise nochmals zu mir kam und insistierte, sagte ich zu. Dann nahm die Katastrophe ihren Lauf.

BORMUTH Wieso Katastrophe?

WARNKE Ich hatte unter anderem die für ein größeres Publikum gedachte Reclam-Reihe der Bildmonographien untersucht. In meiner Rede legte ich polemisch dar, wie die ansonsten um Objektivität bemühten Kunsthistoriker in den populären Schriften allein schon sprachlich dem Ganzen gegenüber dem Einzelnen den Vorrang gaben, so dass sich das Individuum einzufügen hatte. Obwohl es nicht ausgesprochen worden war, fühlten sich die namentlich nicht genannten Autoren den 30er Jahren zugewiesen. Man drohte mit juristischen Mitteln, wenn ich meinen Text öffentlich machen würde. Aber gerade dadurch wurde der Bertelsmann Verlag angestachelt, die Beiträge unserer Sektion zu veröffentlichen. Der Band erschien unter dem Titel *Das Kunstwerk zwischen Wissenschaft und Weltanschauung* und sorgte für großen Wirbel. Den Vorwurf, in meinem Beitrag seien Zitate tendenziös gefälscht, widerlegten die Nachprüfungen einer Tübinger Studentengruppe. Ich machte mir keine Hoffnungen, im Fach noch etwas werden zu können, hielt es für einen Fehler, mich mit jungen Kollegen kritisch so weit aus dem Fenster gelehnt zu haben. Vor allem meiner Frau verdanke ich es, in dieser Phase nicht aus dem Fach ausgetreten zu sein.

BORMUTH Wie gelangten Sie trotzdem noch auf eine Professur?

WARNKE Nach Köln schrieb ich dem Ordinarius Hermann Usener in Marburg, wohin ich mich beworben hatte: »Ich ziehe meine Bewerbung auf die Professur nach den Folgen des Kölner Kongresses zurück.« Die Antwort war überraschend: »Ich betrachte Ihren Brief mit der Absage Ihrer Bewerbung als eine private Mitteilung, die ich für mich behalte.« Dann kam irgendwann die Aufforderung, mich in Marburg mit einem Vortrag vorzustellen. Ich sprach über Vasari als Hofkünstler. Wochen später erhielt ich den Ruf auf die Stelle eines Wissenschaftlichen Rates.

BORMUTH Warum hat Usener Sie in Marburg durchbringen wollen?

WARNKE Die Fakultät war für ihre linke Ausrichtung bekannt, in der der Soziologe Heinz Maus Einfluss hatte; aber auch Wolfgang Abendroth war präsent. Er hatte 1963 Jürgen Habermas mit der kritischen Studie *Strukturwandel der Öffentlichkeit* habilitiert, aus der ich zum Schrecken mancher Fachkollegen in meiner Dissertation zitiert hatte. Usener selbst war als Mittelalterspezialist bekannt und politisch vollkommen unverdächtig. Gleichwohl, so berichtete mir später seine Frau, habe er ihr im Blick auf meinen Fall gesagt: »Einmal noch werde ich was gegen die Faschisten tun.«

BORMUTH Wie war das zu verstehen?

WARNKE Usener war ein vorsichtiger Mann, der seine Nähe zum Frankfurter Institut für Sozialforschung nicht öffentlich kenntlich werden ließ. Er hielt weithin unbekannt bei Adorno im Frankfurter Institut Vorträge, so einen über Manet, den ich seiner Frau zur posthumen Veröffentlichung im Marburger Jahrbuch entlocken konnte. Er war mit Sozialisten im Widerstand gewesen und wagte nach 1945 nicht, dies im Klima des allgemeinen Verschweigens zu sagen.

BORMUTH Wie erfuhren Sie davon?

WARNKE Nicht er selbst, der noch vor meinem Antritt in Marburg starb, sondern seine Frau berichtete mir nach seinem Tod davon. Seine Geschichte im linken Widerstand wurde erst bei der Beerdigung öffentlich bekannt, an der ich nicht teilnehmen konnte. Es standen auf dem Friedhof um das Grab die konservativen Herrschaften aus dem Fach, als sich ein weißhaariger, älterer Herr seinen Weg durch die Reihen bahnte. Er hielt am offenen Grab inne und sprach zur Verblüffung aller mit Pathos die Worte: »Ich möchte dem Genossen aus dem Widerstand gegen den Faschismus noch einen Gruß, einen Dank, ins Grab mitgeben.« Der alte Genosse war Wolfgang Abendroth.

BORMUTH Das heißt, Ihr Marburger Förderer lebte selbst bis zuletzt maskiert; er wagte es nicht, seine linke Orientierung in der Zunft zu gestehen. Wenn man die Perspektive Ihres Hofkünstlers auch im Feld der Wissenschaft verwendet, heißt das: Die Universität wirkte aufgrund ihres zünftigen Geistes sehr reglementierend und kontrollierend, sei es auf rechter oder linker Seite. Ihr Buch bürstet ja auch linke Vorstellungen von gesellschaftlicher Avantgarde gegen den Strich.

WARNKE Man machte sich diese verwickelten Zusammenhänge damals nicht recht klar. Deshalb waren viele auch von meinem Essay »Jacob Burckhardt und Karl Marx« irritiert. Die Wege der gleichaltrigen Studenten haben sich in Köln, Bonn und Berlin gekreuzt. Burckhardt versteht die Kunst als kritische Potenz im hintergründigen Sinne. Ich versuchte beiden Seiten etwas abzugewinnen.

BORMUTH Die endgültige Fassung Ihres *Hofkünstlers* schrieben Sie erst, als Sie über ein Jahrzehnt später die Chance erhielten, Ihre akademischen Aufgaben für ein Jahr ruhen zu lassen.

WARNKE Das Wissenschaftskolleg zu Berlin erlaubte mir 1984, wenige Jahre nach seiner Gründung, das Buch endlich in eine druckreife Form zu bringen, nachdem sie in Münster in einer früheren Fassung als Habilitationsschrift angenommen worden war. Allerdings war das trotz der großen Freiheit, die man am Wissenschaftskolleg genoss, gar nicht so einfach, angesichts hoch bedeutender Kollegen aus allen Fächern und vielen Ländern, die zu ausgedehnten Zusammenkünften verlockten und das tägliche Arbeitspensum auf wenige Stunden zusammenschmelzen ließen. Da ich die Zeit unbedingt nutzen wollte, um den *Hofkünstler* zu beenden, zog ich mich stärker zurück und bot dafür an den Sonntagen architektonische Führungen durch die Stadt an. Mir war aufgefallen, dass die Nationalsozialisten zu jedem Bau der 20er Jahre einen Gegenbau nach ihren Vorstellungen hatten errichten lassen. Mir wurde dadurch auch der obligatorische Abendvortrag erspart.

BORMUTH Wenn ich es richtig verstehe, konnten Sie den *Hofkünstler* unter den Ausnahmebedingungen einer wissenschaftlichen Hofgesellschaft, einer – wie Max Weber sagen würde – Geistesaristokratie, vollenden. So schauen Sie gerne auf Ihre Zeit an dieser privilegierten Einrichtung zurück, die sich lange gegen das zünftige Verfahren der Eigenbewerbung sträubte.

WARNKE Später bin ich für einige Zeit selbst im Kulturwissenschaftlichen Institut in Essen in der Führung einer privilegierten Institution des wissenschaftlichen Lebens tätig gewesen. Wir waren ein Direktorium von drei geisteswissenschaftlichen Direktoren, die vom Land gut ausgestattet worden waren. Als ich 1990 den Leibniz-Preis erhielt, hatte ich ursprünglich den Plan, mit den Mitteln dort den Forschungsschwerpunkt »Politische Ikonographie« weiter auszubauen. Mich bedrückt noch heute manchmal, dass ich die Essener Erwartungen enttäuschte und nach Hamburg zurückkehrte, um mit dem Preisgeld unter anderem auch das Warburg-Haus wieder zum Leben zu erwecken. Die Absage an Essen bleibt eine offene Wunde, auch wenn die Entscheidung für mich richtig war.

BORMUTH Was hat Sie bewogen, sich für Hamburg zu entscheiden?

WARNKE Die Anziehungskraft des Warburg-Hauses, dessen Wiederbelebung mir als einmalige Chance vor Augen stand, aber auch die Rückkehr in die Lehre, die Schüler, ein hervorragendes Kollegium, das wir entsprechend erweitern konnten. Die Vision »Warburg-Haus« ist dann wirklich durch vielfältige Initiativen, glückliche Umstände und großherzige Mäzene in Erfüllung gegangen. Die Stadt hat es aus privater Hand für uns erworben, und eine eigene Stiftung konnte durch großzügige Mäzene ermöglicht werden. So konnte die Arbeit seit der Gründung Mitte der 1990er Jahre weithin unabhängig erfolgen. Es kamen Fellows und Vortragende aus vielen Disziplinen; Tagungen und ein Graduierten-Kolleg belebten das Programm. Der Kontakt zum Londoner Warburg Institute war ebenfalls von großer Wichtigkeit.

BORMUTH Mir scheint das Warburg-Haus auch ein privilegierter Ort zu sein, der neben dem zünftigen Wissenschaftsbetrieb besteht.

WARNKE Akademische Orte wie das Warburg-Haus haben manches möglich gemacht, das die Universität sonst kaum bieten kann. Im Warburg-Haus konnten wir regelmäßig das erste kunsthistorische Graduiertenkolleg versammeln.

BORMUTH Und wenn ich das richtig sehe, sind die von Ihnen geschätzten Institutionen wie Wissenschaftskolleg, Warburg-Haus oder Getty Center und der Wolfenbütteler Barockkreis gleichsam höfische Orte der wissenschaftlichen Moderne, die von der disziplinären Strenge befreit sind und deshalb belebend auf die Universitäten zurückwirken könnten.

WARNKE Unter dem Titel »Ultima verba« habe ich in diesem Sinne meine letzten Wünsche an die Universität gerichtet. Für Sie hoffe und wünsche ich, dass sich mit dem Karl Jaspers-Haus ein weiterhin produktives und anregendes Forschungszentrum erhalten und entwickeln möge.

*Hamburg, im März 2017*

# Enthüllung der Verhüllung

Wenn an der ein oder anderen Stelle in der Vergangenheit der Eindruck entstanden sein sollte, ich sei gewissermaßen der Erfinder des *dissimulatio*-Konzeptes, dann muss ich darauf hinweisen, dass dieses hier so fruchtbar weitergedachte Stichwort sich mir um 1960 aus objektiven Voraussetzungen ergeben hat. Zuallererst ist zu bemerken, dass das Wort *dissimulatio* in einem Brief von Peter Paul Rubens, über den ich damals meine Dissertation anfertigte, auftaucht. Er schreibt, König Ludwig XIII. sei von einem Freund des Künstlers durch die eben für die Königinmutter Maria Medici vollendete Bildergalerie geführt worden, wobei der Interpret eine recht künstliche Verdrehung und Verschleierung des wahren Sinnes trieb: »*che servi d'interprete degli soggietti con una diversione e dissimulazione del vero senso molto artificiosa.*«

Der Brief vom 13. Mai 1625 war seit 1784 veröffentlicht, zunächst in englischer Übersetzung, dann im italienischen Original; 1918 war er aus der von Otto Zoff besorgten deutschen Übersetzung der Briefe allgemein bekannt. Ich habe also die Briefstelle nicht »gefunden«, sie war von allen Rubensforschern gelesen worden. Mein Anteil beschränkt sich darauf, bei der Lektüre gestutzt und augenblicklich geglaubt zu haben, in dem Relativsatz eine Anleitung des Künstlers zur Deutung eines Gemäldezyklus zu besitzen, der bis dahin als wichtigstes Beispiel einer »weltlichen Apotheose« absolutistischer Herrscher gegolten hatte: Wenn dem König der »wahre Sinn« verschleiert werden musste, wenn der Sinn also nicht offen zutage lag, dann musste er noch unentdeckt im Zyklus enthalten sein! Ich kann die

Situation, aus der heraus mir die Stelle auffiel, nicht auf den Tag, aber doch den Umständen nach ziemlich genau angeben. Der Ablauf ist vielleicht interessant als Exempel für die Struktur wissenschaftlicher Problemfindung.

Im Wintersemester 1958/59 habe ich in dem Seminar über Rubens von Hans Kauffmann an der Freien Universität Berlin, wohin ich von München aus gewechselt war, das Referat über den Medici-Zyklus übernommen, dessen Text mir noch vorliegt. Ich konzentrierte meine Untersuchung auf das Mittelbild, kam auch von einer Analyse der Skizzen her zu dem Ergebnis, dass Rubens dieses Bild einer Herrscherapotheose gerade nicht auf die Vergottung einer Person angelegt hat; auch zitierte ich als Beleg mehrere Briefstellen – doch die *dissimulatio*-Stelle, die den Ergebnissen der Anschauung die eigentliche Spitze hätte geben können, war mir damals noch nicht aufgefallen, obwohl ich sie gelesen haben muss.

Ich war, wie man später gesagt hätte, »anpolitisiert« mit linker Tendenz, nachdem ich in München zahlreiche Versammlungen gegen Wiederbewaffnung erlebt hatte. Im Sommersemester 1959 habe ich bei dem späteren CDU-Abgeordneten Kotowski am Friedrich-Meinecke-Institut ein Seminar zu »Grundschriften des Marxismus« absolviert, worin ich über »Die Lage der arbeitenden Klasse in England« berichtete, weshalb ich bis heute eine gewisse Vorliebe für Friedrich Engels hege. Obwohl im Wintersemester bei der Vorbereitung eines Referates über die polemischen Schriften Lessings die in der Dissertation von Helmuth Thielicke für diesen Autor eingeführte Unterscheidung zwischen esoterischer und exoterischer Sinngebung mich für mein Rubensproblem angeregt hat, kam nach meiner Erinnerung kein Zusammenhang mit Rubens' *dissimulatio* zustande.

Zum Winter 1960 bis Herbst 1961 war ich als Stipendiat des DAAD in Madrid. Ich wollte in Spanien, wo in

Simancas die diplomatische Korrespondenz von Rubens lag, meine Dissertation über die Briefe von Rubens voranbringen. Im spätfranquistischen Spanien hatte ich das Bedürfnis, mich auch theoretisch »aufzurüsten«, und lieh mir im Goethe-Institut von Adorno, den ich als Schüler in den »Darmstädter Gesprächen« erlebt hatte, die »Prismen« aus. Irgendwo stand dort der Satz: »Wahr ist Kultur nur als implizit kritische.« Ich kann nicht mehr rekonstruieren, wann mir diese Sentenz mit jener aus dem Rubensbrief von 1625 zusammenschoss. Vielleicht bedurfte es dazu der vielseitigen Diskussionen während der Zeit nach dem Mauerbau, in die ich, nach meiner Rückkehr aus Spanien, als Erstbezieher des Studentendorfes der FU seit 1962 hineingeriet. Diskutiert wurde etwa über Bertolt Brecht, gegen dessen Stücke in der Bundesrepublik Kampagnen und Boykotte liefen. In den Diskussionen gab es Apologeten, die Brechts regierungskonforme Position in der DDR guthießen, und Rigoristen, die ihn mit der Diktatur kompromittiert und diskreditiert fanden, und Differenzierende, die meinten, dass trotz seiner ideologischen Verstrickung allein die ästhetische Qualität seiner Dichtung relevant sei; wo sie gelungen sei, sei sie gerettet und eine implizite Kritik des Systems, das ihn unterhielt. In dieser Konstellation muss sich jene Kopulation zur *dissimulatio* ergeben haben, aus der sich ein wissenschaftliches Lebensprogramm entwickelte.

# *Verlust der Mitte* – ein Gewinn

Es fällt nicht leicht, einem Buch lebensprägende Bedeutung beizumessen, wenn dieses Buch längst auf dem Index der vergessenen, überholten und reaktionären Bücher steht.

1954 lag es auf meinem Weihnachtstisch, es war die sechste von unzähligen weiteren Auflagen. Seine Lektüre hatte für mich praktische, biographische, aber auch theoretische, wissenschaftliche Konsequenzen.

Nach der Lektüre war es selbstverständlich, daß ich nach dem Abitur ein Studium in München aufnehmen würde. Denn dort lehrte der Autor des Buches, der von seinem speziellen Fach her den geistigen, moralischen, psychischen Allgemeinzustand der Gesellschaft auf eine einzige Ursache zurückführte. Es war eindrucksvoll, ihn als Professor agieren zu sehen, dennoch war nach drei Semestern ebenso klar, daß ein Schnitt notwendig war, der mich von den Fangarmen einer Doktrin befreite. 1959 ging ich nach Berlin.

Lektüren jedoch lassen sich nicht einfach durch einen Ortswechsel abschütteln. Ein Leben lang schwebte mir eine Inversion jenes Buches vor. Es gibt noch keine Rechtfertigung der modernen Kunst auf dem Niveau, auf dem sie angegriffen worden ist. Mein Gegenbuch würde auch drei Teile haben, im ersten Teil würden ebenfalls Beobachtungen, Anhaltspunkte, Phänomene auf dem Gebiet der Kunst der letzten zwei Jahrhunderte locker und geistvoll hingestreut; sie alle würden Symptome aufweisen, die eine problematische Befindlichkeit der Gesellschaft anzeigen. Im zweiten Teil würde die Diagnose jener Befindlichkeit und deren geschichtliche Wurzel eine einzige Ursache aufdecken. In einem dritten Teil würden uns, wie in jenem Buch, die Hilfsmittel anempfohlen, mit denen wir die gegebenen Fährnisse überwinden und das Heil erlangen könnten.

Die beiden vorletzten Sätze des Buches lauten: »Was aber die Kunst betrifft, so wird es zunächst vielleicht noch nicht möglich sein, vielleicht noch lange nicht, etwas in die leere Mitte zu setzen. Dann aber muß wenigstens das Bewußtsein davon lebendig bleiben, daß in der verlorenen Mitte der *leergelassene Thron* für den vollkommenen Menschen, den Gottmenschen, steht.«

In dem Buch, das ich nie habe schreiben können, hätte das zentrale Argument lauten sollen, daß in unserem Zeitalter dann und deshalb gelitten, gequält und gemordet wurde, wenn der leere Thron besetzt war; wenn die Mitte gefunden war.

# Vater der Kunstgeschichte
# Giorgio Vasari

Von Giorgio Vasari weiß das gebildete Publikum mehr, als ihm bewußt ist. Wo jemand vom »finsteren Mittelalter« spricht oder wo jemand »Renaissance« sagt und den Schauplatz dieser Kunstepoche nach Florenz lokalisiert, wo überhaupt jemand gelernt hat, Kunstwerke in Epochenschubladen zu verstauen – dort sind jene Maßstäbe wirksam, mit denen Vasari auf über tausend Seiten die zweihundertfünfzig »Lebensbeschreibungen berühmter Maler, Bildhauer und Architekten« in einen Zusammenhang gebracht hat.

Kaum ein Cicerone, der sich nicht des unerschöpflichen Anekdotenschatzes in jenem Vitenwerk bediente: daß Castagno seinen Rivalen ermordet habe, daß Perugino, der Maler der frommsten Madonnen, ein Atheist gewesen, daß Leonardo in den Armen König Franz' I. gestorben sei oder daß Torrigiani dem Michelangelo die Nase platt gehauen hat. Vasaris Vorbild hat den europäischen Nationen zu ihren Künstler-Heldengalerien verholfen: van Mander hat einen »Vasari« für die Niederlande, Félibien für Frankreich, Sandrart für Deutschland, Palomino für Spanien geschrieben. Auch nach Winckelmann blieb die neuere Kunstgeschichte, dank Vasari, noch lange Künstlergeschichte. Kunsthistoriker, die in ihm den Vater ihrer Wissenschaft verehren, weil ohne ihn die Jahrhunderte nach 1300 fast namenfrei wie das Mittelalter geblieben wären, zitieren und widerlegen ihn noch heute so, als habe er gestern geschrieben.

Merkwürdig und aktuell bleibt dennoch die Mahnung Jacob Burckhardts, der »über 700 Ceddeln aus Vasari« exzerpiert hatte, an den jungen Wölfflin, als er diesem sein gegen die Künstlergeschichte gewendetes Konzept einer »entgötterten« Kunstgeschichte »nach Aufgaben« ans Herz legen wollte: »Im vielverachteten Vasari steht eine Menge ungeschüttelter Bäume. Lesen Sie ihn nach diesem Gesichtspunkte durch. Das ist mein Vermächtnis an Sie.« Wölfflin hat Burckhardts Vermächtnis zu einer Seh-Geschichte verkürzt, und dazu bedurfte es keines Quellenstudiums. Fleißig dagegen hat man Vasari als einen Datenspeicher benutzt, obwohl dieser sich dagegen verwahrt hatte, »daß es je ein würdiges Ziel dieser meiner so mühevollen Arbeit gewesen wäre, lediglich die Daten, Namen und Herkunft der Künstler und ihrer Werke ausfindig zu machen: denn solches hätte ich auch mit einer einfachen Tabelle bewerkstelligen können«.

Die monumentale, erste kritische Ausgabe des Vitenwerkes, die seit 1996 erscheint und die neben den Text der ersten Auflage von 1550 den vollen, stark veränderten Text der zweiten Auflage von 1568 stellt, wird es erlauben, die Bäume Vasaris neu zu schütteln: Was könnten sie erbringen?

Neuerdings tritt in der Vasari-Forschung das Interesse an dem schriftstellerischen Werk Vasaris deutlich zurück gegenüber dem Interesse an dessem künstlerischen Werk. Denn in der künstlerischen Hinterlassenschaft dieses strebsamen, aus dem kleinbürgerlich-handwerklichen Milieu von Arezzo stammenden Malers und Architekten sind die deutlichsten kunstpolitischen Demonstrationen des noch jungen Medici-Prinzipats enthalten. Fast schicksalhaft ist Vasari in jene Phase der Florentiner Geschichte verwickelt worden, die den Verfall der wirtschaftlichen und politischen Lebenskraft der frühbürgerlichen Stadtgesellschaft signalisierte. Schon der Kardinal Passerini, der den entfernt verwandten Vasari als Dreizehnjährigen auf der Durchreise nach Arezzo aufgabelte und mit nach Florenz nahm, war vom mediceischen Papst Clemens VII. in die Arnostadt geschickt worden, um dort den Boden für eine fürstliche Medici-Herrschaft vorzubereiten. Die Florentiner Bürgerschaft vertrieb 1527 den Kardinal und die unehelichen Medici-Anwüchse Alessandro und Ippolito, mit denen zusammen Vasari den Unterricht des gelehrten Humanisten Piero Valeriano genossen hatte.

Während nach jener Vertreibung das Florentiner Republikanertum, auch mit Michelangelos Hilfe, ein letztes, »heroisches« dreijähriges Dasein fristet, bildet sich Vasari vornehmlich in Rom als Schützling der Großen zum Künstler heran. Nachdem kaiserliche Truppen den Alessandro Medici 1531 der Stadt Florenz als Herzog oktroyiert hatten, finden wir bald auch den jungen Vasari in dessen Diensten. Aber nach dem Familienmord an Alessandro im Jahr 1537 wurde Vasari jäh aus der Bahn geworfen. Er zieht sich zurück, reist und knüpft Beziehungen zu neuen Auftraggeberschichten: zu Klöstern, Kaufleuten, Bankiers und Humanisten zwischen Venedig, Bologna, Rom und Neapel; in Arezzo baut und freskiert er sein Haus. Nachdem er 1537, wie er seinem Onkel schrieb, beschlossen hatte, sich »von allen Höfen, kirchlichen wie weltlichen, fernzuhalten«, um »von Stadt zu Stadt zu ziehen und mit dem Können, das Gott mir gegeben hat, die Welt zu schmücken«, hat er in den vierziger Jahren konsequent seine Selbständigkeit ausgebaut. In diesen Jahren ist auch der Plan entstanden und die Hauptarbeit zu seinem Vitenwerk geleistet. Unterdessen leitete in Florenz der umsichtige Herzog Cosimo die Revision der geschichtlichen Grundlage bisheriger Florentiner Kunstgeschichte ein, indem er die Florentiner Stadtrepublik in einen frühabsolutistischen Musterstaat verwandelte, die flächenstaatliche Einebnung des Herrschaftsgebietes und die Metamorphose des mediceischen Kaufmannsgeschlechts in eine Dynastie vollzog.

Ab 1555 erst wird dann Vasari als Kunstintendant des Herzogs die markantesten kulturpolitischen Zeichen dieses Wandels der mediceischen Herrschaft zum Prinzipat hin setzen. Er wird den inneren Umbau des verschachtelten Florentiner Rathauses zu einem repräsentativen Fürstenpalast leiten, um, wie Vasari kommentieren wird, den Bau »ebenso wie Cosimo es mit diesem Staat getan hat, von dem Willen vieler zu lösen und einem einzigen Willen dienstbar zu machen, der unbedingt der seinige ist«. Mit dem Freskenschmuck »blieb es Vasari vorbehalten, die endgültigen malerischen Formeln für ein absolutistisches Regiment zu finden« (Forster).

Vasaris Uffizienbau wird das erste moderne Verwaltungsgebäude darstellen, in dem das Uhrwerk der herzöglich-höfischen Bürokratie reibungslos in Funktion gehalten werden konnte. Als Symbol territorialer und sozialpolitischer Erfassung des Landes errichtet Vasari in Pisa für den von Cosimo gegründeten Ritterorden Santo Stefano dessen aufwendiges Domizil. Durch derlei Unternehmungen vermochte Vasari das verbliebene künstlerische Potential der Stadt pausenlos zu beschäftigen. Mit der Kunstakademie wird er 1563 den Künstlern eine Ersatzorganisation für die entmündigte Zunft einrichten, womit das Muster für jene lange Reihe europäischer Akademien geschaffen war, durch welche die Künste dem Staatswillen nähergerückt werden.

Es erscheint nun naheliegend, und diese Ansicht ist schon geäußert worden, die Beflissenheit des Künstlers im Dienste frühabsolutistischer Herrscher auf das schriftstellerische Werk zurückzubeziehen und die Motivation von Vasaris Vitenwerk in diesem politischen Rahmen aufgehen zu lassen: Auch die ruhmvolle Kunstgeschichte von Florenz und der Toskana sollte dem legitimationsbedürftigen Cosimo zu Füßen gelegt werden.

Hier jedoch gilt es, die Bäume Vasaris neu zu schütteln, bevor der absolutistische Zeitgeist noch rückwirkend die historische Landschaft einebnet.

Schon die Geschichte der Widmung, in der Vasari Cosimo verspricht, die Früchte der Vergangenheit in die Scheunen des neuen Staates zu fahren, weckt Zweifel. Einige Exemplare tragen noch die Widmung an den soeben inthronisierten Papst Julius III., der Vasari eine Karriere unter seinem Pontifikat versprochen hatte. Sein Vitenwerk hatte Vasari aus einer beobachtenden Distanz zu den Florentiner Verhältnissen konzipiert und in Konsequenz seines Beschlusses von 1537, »sich vorerst von allen Höfen fernzuhalten und alle Ketten abzuschütteln, um sich in Ruhe meiner Kunst zu widmen, wiewohl ich mich leicht mit dem neuen Herzog Cosimo hätte arrangieren können«. Vasari hat, im Gegensatz zu Cellini, auch später nie verschwiegen, daß er seit den vierziger Jahren sehr viel dem reichen Exilflorentiner in Rom, Bindo Altoviti, zu verdanken hatte, den Herzog Cosimo zum »Rebellen« hat erklären lassen.

An Vasaris kunsthistoriographischem Konzept hat immer die Epigonensituation fasziniert, von der aus er zurückblickt: In drei Entwicklungsstadien hat sich ihm, der damit ein weit älteres Vorstellungsschema ausfüllt, von Giotto über Masaccio, Brunelleschi, Donatello bis zu Michelangelo die »Wiedergeburt« der Künste vollzogen. Diese liegt abgeschlossen vor, und Vasari plagt »die Angst, daß von hier aus nur noch ein Verfall möglich ist«. Indem ein Spätgeborener die Idee der Wiedergeburt konkretisiert hat, schien die Entstehung des kunstgeschichtlichen Bewußtseins aus unschöpferischer, resignativer Reflexivität gegeben. Die normative Richterstellung, die der von Michelangelo erreichte Gipfelpunkt gewährte, relativierte jede künstlerische

Tat der Vergangenheit zu einem transitorischen Moment einer fortschreitenden Entwicklung, weshalb sich Vasari-Leser immer schwertun werden, den Historismus erst mit Vico, Herder und Hegel beginnen zu sehen. Doch mit der Abschließung der Entwicklung entzieht Vasari die Kunst der Vergangenheit dem Zugriff der Gegenwart.

Daß Vasari die Florentiner Kunstgeschichte apotheotisch im Werk Michelangelos sich vollenden läßt, hat im Zeitkontext um 1550 die gleiche Bedeutung wie Michelangelos hartnäckige Weigerung, je in das Florenz Cosimos zurückzukehren. Im Verhalten Picassos zu Franco-Spanien hatten wir einen analogen Vorgang. Vergeblich hatte Cosimo, später auch über Vasari oder Cellini, Lockrufe an Michelangelo ergehen lassen. Indem Vasari in der ersten Auflage von 1550 den Entwicklungsgang der Kunst in Michelangelo münden läßt, wird erst deutlich, daß den Scheunen des Herzogs Cosimo die große Ernte versagt blieb. Die politische Begründung hat Vasari dem Florentiner Jacopo Sansovino in den Mund gelegt, indem er diesen erklären ließ, warum er Venedig der Heimatstadt vorzog: »Er sagte, man dürfe den Lebenszustand in einer Republik nicht mit demjenigen in einem Staat vertauschen, in dem ein absoluter Herrscher regiert.«

Diesen Satz hat Vasari in der zweiten Auflage seines Werkes von 1568 gestrichen. Damals war Vasari bereits der allmächtige Kunstmanager Herzog Cosimos, und unter ihm hat er, dank seines Fleißes, seiner Organisationsgabe und der »Schnelligkeit« seines Pinsels, großes Vermögen, Häuser, Sinikuren und am Ende vom Papst auch den Rittertitel erworben. War es also dem Vasari der zweiten Auflage so ergangen, wie er es aus dem Gebaren eines am Hofe reüssierten Kollegen schließt, daß nämlich »die Menschen, wenn sie ihren Status ändern, oft auch ihre Natur und ihren Willen ändern?«

*Rückzug vom Hof*

In seiner Autobiographie, die er der zweiten Auflage beigibt, vermerkt Vasari noch seinen Entschluß von 1537, sich von allen Höfen zurückzuziehen, und erinnert sich der Erfahrung, »wie außerordentlich nützlich die süße Ruhe und die ehrsame Einsamkeit der Studien gewesen sind«: die Rechenschaft über seine Tätigkeiten in den Jahren vor seiner Einstellung am Hof Cosimos nimmt in seinem Bericht den breitesten Raum ein. Seinen damaligen Antrieb projiziert er jetzt gerne in andere Künstlerleben. Von Beccafumi weiß er, »daß ihm die Umgangsformen am Hof nicht gefielen, denn er war es gewohnt, frei zu leben«. Oft und mit Sympathie schildert Vasari Rückzüge vom Hof, wie im Fall des Girolamo da Capri, des Peruzzi, »der die Freiheit mehr liebte als die Gnade des Papstes«, oder des Rusticci, für den »die Sitten des Hofes gegen seine Natur waren«, weshalb er sich zurückzog, »denn er wollte für sich sein, um sozusagen das Leben eines Philosophen zu führen und der schönen Ruhe und des süßen Friedens zu genießen«.

Das Hofleben stand in der Schußlinie fast aller damaligen Literaten, denkt man nur an Vasaris engen Freund Pietro Aretino. Doch für ehrgeizige Künstler bot sich, angesichts niedergehender Stadtkultur, außerhalb der weltlichen und geistlichen Höfe als Alternative, wie Vasari meinte, nur »Armut und Hunger« an. Im Rückblick stellt sich jedoch für Vasari auch die Rolle der Künstler im verblühenden kommunalen Leben nicht so rosig dar wie späteren Kunsthistorikern. Den Pordenone läßt Vasari Venedig verlassen, »weil man dort zu vielen den Hof machen mußte«, und mit wenig Verständnis schildert er die berühmten Wettbewerbe, in denen etwa Brunelleschi die »Redekraft eines Paulus« aufbringen mußte, um all die Ignoranten zu überzeugen. Wie Vasari den aufgeblühten Kunsthandel scharf tadelt, so auch jene Form von Konkurrenz, die dazu verführt, immer »neue, dunkle und ungewöhnliche Sachen zu machen«. Vasari sieht kaum einmal einen fruchtbaren gesellschaftlichen Boden – den unter Lorenzo Medici hat er, wie wir heute wissen, frei erfunden – für die Kunst, weil »das Schicksal es offenbar will, daß zumeist diejenigen, die am wenigsten wissen, die Geschicke befehlen und regieren«.

Aus dieser Sicht entwickelt Vasari, besonders in der zweiten Auflage der Viten, die Bestandteile eines künstlerischen Selbstbewußtseins, die unter Abwandlungen bis heute überlebt haben. Den Pintoricchio läßt er äußern, daß »das Wichtigste, was ein Maler seinen Gestalten mitzugeben vermag, darin besteht, daß sie für sich gut sind und ohne Rücksicht darauf entstanden sind, ob sie einem Fürsten gefallen«. Vielleicht, weil er seine Qualitäten durch die von ihm selbst beklagte »Schnelligkeit« seines unter Dienstzwang stehenden Pinsels verwischt sah, wollte Vasari wenigstens als Kunstschriftsteller eine Res publica artificum erdenken helfen, in der eine immanente Gesetzlichkeit und ein künstlerisches Individualrecht denkbar blieben. Dieser abgehobene Freiheitsraum war nun mit Hilfe jener Vergeistigung und Intellektualisierung der Kunstanschauung zu erschließen, wie sie bei Vasari mit dem Begriffsfeld um »invenzione«, »concetto« oder »disegno« in der zweiten Auflage verstärkt hervortritt.

Bei Vasari verlagert sich die Kunstanschauung vom Objekt, vom Ergebnis zurück in den Bereich der »Absicht«, der »Erfindung«, der Genesis, gelegentlich auch bis in die Sphäre der Psyche des Künstlers. In der »Zeichnung«, als der »Tochter der Erfindung«, erscheint das Unvermittelt-Eigene fast schon jenseits der Materialität; unverfälscht von äußeren Bedingungen hat die »Zeichnung« im konzeptionellen Ursprung fast schon ihr Ziel. Die Ausgrenzung der schöpferischen Zone, der Rückzug von der Erscheinungsebene in die der Intention, ist für Vasari, der immer wieder auf Kunstwerke hinweist, die von Künstlern »aus eigenem Antrieb« gemacht wurden, der theoretische Ausdruck für jene »süße Ruhe«, die der Rückzug vom Reich der Zwecke, der »necessità« des Hofes, versprechen könnte.

Auch die brotgebenden Auftragswerke kommen bei Vasari nur über sich hinaus, wenn an ihnen »Erfindung« oder »Grazie«, Gefälligkeit, ein visueller Erfahrungsüberschuß jenseits des Zweckzusammenhangs, sichtbar bleibt.

Besonders gegenüber dem michelangelesken Pathos wirkt dieser Behauptungsversuch wie eine Verdünnung der künstlerischen Aufnahmefähigkeit zu einer der Eingeweihten und Esoteriker. Diese Möglichkeit wird schon bei nachfolgenden Theoretikern greifbar, doch bei Vasari selbst ist sie nicht nur durch den erzählerischen Witz, sondern auch durch ein ausgeprägtes Bedürfnis nach Mitteilung und Verallgemeinerung zurückgedrängt. Oft beklagt Vasari die Verbannung von Kunstwerken in die eingeschränkte Öffentlichkeit der Höfe, denn Kunstwerke »sollten der ganzen Stadt dienen« und die vorzüglichsten an Stellen angebracht sein, »an denen Luft und Licht es ermöglichen, daß ein jeder sie sieht und beurteilt«. Er preist neben dem venezianischen Dogenpalast, in dem »Adel wie Plebs« die Ausstattung bewundern können, immer wieder auch den aufkommenden Reproduktionsstich, weil durch ihn verschlossene Tugend jedermann zugänglich wird.

Vasari war also ein Kunsthistoriker, der weite und beschwerliche Reisen für sein Werk unternommen, entlegene Quellen studiert, Inschriften und Archive konsultiert sowie fleißige Korrespondenz mit Humanisten und Lokalhistorikern geführt hat, um dem Recht der Künste, gegen ihre Vereinnahmung mit ihrer Verselbstständigung zu antworten, eine geschichtliche Perspektive zu geben.

Von solcher Motivation her gesehen, nimmt sich manches kunstgeschichtliche Werk von heute aus, als entstamme es der handwerkelnden Großvätergeneration des Vasari. Eine legitime Vaterschaft wird die Kunstgeschichte für Vasari wohl am ehesten dort beanspruchen können, wo sie die von ihm ererbten Aporien miterkennt und wo sie auch an ihm vollzieht, was er als eine »der vornehmsten Aufgaben« des Historikers bezeichnet hat: die vergangenen Dinge als gegenwärtige zu sehen – »vedere le cose passate come presenti«.

# Kunst als »Verräterin«
# Kaegis *Burckhardt*

Aus dem akademischen Sprachgebrauch verschwindet allmählich das Wort »Lebenswerk«. Materielle und institutionelle Entwicklungen können dafür verantwortlich gemacht werden. Wichtiger aber ist wohl, daß das Vertrauen in die Beständigkeit und Tragfähigkeit der geltenden Rahmenbedingungen geistiger Arbeit schwindet. Wer hier auf Dauer anlegt, so scheint es, hat auf Sand gebaut.

Die Burckhardt-Biographie von Werner Kaegi jedoch ist ein klassisches Lebenswerk. Als der Basler Historiker 1930 seine Mitarbeit an der Gesamtausgabe von Burckhardts Werken abgeschlossen hatte, ließ er sich darauf ein, die begonnene Burckhardt-Biographie von Otto Markwart zu vollenden. Daraus wurde ein Lebenswerk. Im fünfzigsten Todesjahr Burckhardts, 1947, erschien der erste Band des Werkes, das damals noch dreibändig geplant war. In drei- bis zehnjährigen Abständen erschienen dann weitere Bände – der sechste liegt jetzt als Doppelband vor. Wenn schließlich der letzte, siebte Band erschienen und mit einem Register versehen sein wird, dann hat man nicht nur eine lesbare Monumentalbiographie vorliegen, sondern auch ein Nachschlagewerk für die Geistesgeschichte des 19. Jahrhunderts sowie für das Gesamtpanorama des Burckhardtschen Interesses verfügbar.

So sehr Burckhardt als Panorama erfaßt ist, die biographische Nahaufnahme bleibt doch im Mittelpunkt. Keiner Größe der Wissenschaft ist es je widerfahren, daß ihm so bis in alle Winkel nachgespürt, jedem Gedankenflug auf Ursprung und Wirkung nachgegangen, jeder Notiz und jedem der bergeweise hinterlassenen Zettel eine so gründliche, fast kodifizierende Aufmerksamkeit geschenkt worden ist. Und keinen anderen Gelehrten kann man so aus der Nähe sterben sehen wie Jacob Burckhardt nach Erscheinen dieses sechsten Bandes seiner Biographie.

Diese opfervolle biographische Zuwendung widerfährt einem Mann, der es sich in seinem Testament ausdrücklich verbeten hat, daß jemand in seinem Nachlaß wühle »zur Abfassung und vollends zur Veröffentlichung einer Biographie«, der in den letzten dreißig Jahren seines Lebens nichts mehr veröffentlicht hat und der auf den Umschlag der Mappe, die die *Weltgeschichtlichen Betrachtungen* enthielt, geschrieben hatte: »Zum Verbrennen«. Man kann den Verfügungen des alten Mannes aber auch entnehmen, daß er eine Biographie für denkbar und den Nachlaß für ergiebig hielt.

Zu sehr sind seine Briefe, die jetzt in einer zehnbändigen Ausgabe von Max Burckhardt verfügbar werden, durchgeschliffen; zu weit ist die Gestaltung der *Griechischen Kulturgeschichte*, der *Erinnerungen aus Rubens*, einiger Aufsätze und Vorträge vorangetrieben, als daß man glauben müßte, Burckhardt könnte keinen Spaß an der Überraschung der Nachwelt über die postumen Beweise seiner Arbeitskraft mehr gehabt haben. Nach Nietzsche war »dieser ältere, höchst eigenartige Mann zwar nicht zu Verfälschungen, wohl aber zu Verschweigungen der Wahrheit geneigt«. Berücksichtigt man, wie gleichgültig Burckhardt zusah, was emsige Verehrer im Laufe der Zeit aus seinen Büchern machten, dann darf man auch vermuten, daß es ihm recht gewesen wäre, daß Jacob Oeri einige Passagen aus seinen Vorlesungsskripten zu den weltbekannten *Weltgeschichtlichen Betrachtungen* zusammenstellte.

Es ist das Ziel der letzten beiden Bände der Biographie, das wissenschaftliche Profil Burckhardts, das mit der letzten von ihm selbst zur Veröffentlichung freigegebenen Schrift – der *Kultur der Renaissance* (1860) – eigentlich abgeschlossen war, vor allem anhand der Vorlesungsnotizen auch für die letzten dreißig Jahre Burckhardts zu bestimmen. Versucht man sich über diese Rekonstruktion Rechenschaft abzulegen, dann ist eigentlich nicht so wichtig zu erfahren, daß Burckhardt lernfähig war, daß er etwa das Mittelalter für sich entdeckt hat, daß er an das Renaissance-Individuum, wie er es einst ausgerufen hatte, nicht mehr recht glauben will oder daß er an dem einst so verachteten Barock dann doch Geschmack findet. Auch daß Burckhardt wichtige Anregungen gab, daß er sich etwa im Vorfeld des Jungschen »Archetypus« oder des Riegelschen »Kunstwollens« bewegt haben sollte oder als Entdecker einer flämisch-burgundischen Kunst, des Grünewald oder Vermeer anzusehen wäre, rechtfertigt nicht eigentlich die umfassende Aufarbeitung seiner Notizen.

Wesentlich ist vielmehr, daß auch für den späten Burckhardt das »Problem Burckhardt« erhalten bleibt. Man wird sich mit Burckhardt befassen, solange er ein »Problem« bleibt. Es ist eine der wichtigsten Leistungen von Kaegis Biographie, daß sie darstellt und nicht deutet; daß sie mit den überwältigenden Mitteln und Materialien nicht ein »Burckhardt-Bild« herausmeißelt, sondern allenfalls herrschenden Urteilen und Vorurteilen gelegentlich neues Material zu bedenken gibt. Das Problem Burckhardt bleibt offen.

»Was habe ich denn getan?« fragt Burckhardt einen jungen Bewunderer und antwortet selbst: »Ich habe zusammengerafft von allen Seiten.« Er hat die Gelehrtenwelt, die »viri eruditissimi«, welche »der liebe Gott gemacht hat, weil er bisweilen auch seinen Jocus haben will«, tief verachtet, ihre Zeitschriften und Spezialkorrespondenzen nicht beliefert, ihre Lehrstühle, Akademien und Kongresse gemieden.

»Vor sich ein Berg Geschichte, graben sie ein Loch und hinter sich lassen sie einen Haufen Schutt und sterben.« Überhaupt sei »die Urkunderei das sicherste Mittel, alles langweilig zu machen«, und er preist den Dilettanten, »welcher sich ein Vergnügen aus dem macht, woraus andere sich eine Qual machen«.

Burckhardt hat einige Begriffe, einige »Raffungen« geliefert, die den Wortschatz der Gebildeten geprägt haben: »Caesarismus« – »Renaissance« – »Die Entdeckung der Welt und des Menschen« – »Der Staat als Kunstwerk« – »Die Macht ist an sich böse« – »Der Militärstaat muß Großfabrikant werden« – »Kunstgeschichte nach Aufgaben«. Solche Schlagzeilen hat er geprägt, herausgearbeitet oder in Umlauf gesetzt – er, der auch das Wort von den »terribles simplificateurs« für die Herrscher der Zukunft geprägt hat. Aus Kaegis Bericht über die Vorlesungen kann man entnehmen, daß er solche Aperçus und Formeln auch auf seinen Veranstaltungen, nachdem er »die Hauptsachen zu Faden geschlagen« hatte, freizügig austeilen konnte.

In einer Zeit, die Burckhardt gekennzeichnet sah durch »allgemeine Unzufriedenheit und Militarismus und vorweggefressene Habe der Nachkommen«, die sich anschickte, »Bürokratien als Ergebenheitsarmeen zu organisieren«, hat er seinen Hörern geboten, was er einem Studenten empfiehlt: »Du mußt nun symbolisch sehen lernen, das heißt ein einziges Beispiel wird dir mannigfach eine ganze Sache vertreten müssen.«

Trotz solcher energischer Raffungsversuche vermitteln die von Kaegi referierten Vorlesungen den Eindruck, daß Burckhardt sich in der Defensive fühlte. Der *Constantin*, der *Cicerone* und die *Kultur der Renaissance* waren noch aus einem stringenten Impuls heraus geschrieben worden; von jemandem, der ausdrücklich den Stoff wie ein Künstler formen wollte. Philosophische, ästhetische, politische und moralische Zielvorstellungen bemächtigten sich eines Stoffes und rafften ihn zu einer Sinnaussage, die das Bewußtsein der Menschen beeinflussen und beschäftigen konnte.

Diesen Impuls konnte Burckhardt im fortschreitenden Jahrhundert immer weniger durchhalten; er verschanzt sich mehr und mehr in Aphorismen. Denn die Wissenschaften hatten sich in den staatlichen Instituten etabliert. Ein gnadenloser Positivismus setzt neue Formen der »Richtigkeit«, die jenes Wahrheitspathos nicht mehr vertrugen. Burckhardt hat gelassen zugesehen, wie sie sich an seinen eigenen Werken übten. An dem Renaissance-Buch wurde von fremden Händen von Auflage zu Auflage verändert, korrigiert und erweitert, und aus seinem *Cicerone* machten Spezialforscher schließlich ein verkümmertes mehrbändiges Inventarwerk.

Dieser Würgegriff der »heutigen Specialistik« hat den späten Burckhardt offensichtlich verunsichert. Seine Sarkasmen lassen das erkennen: »Übrigens nehmen Sie all die kritischen Forschungen und Attributionen zu schwer. Werden Sie mir um Himmels willen nicht schwerblütig und schwermütig, sondern behaupten Sie denjenigen Grad von Leichtsinn, ohne welchen man heutigen Tages absolut nicht mehr durchs Leben kommt.« Burckhardts Wunschfach, die Kunstgeschichte, geriet immer mehr in die Hände der »Attribuzler«, der Inventaristen und Händler. Gegenüber den neu entwickelten Methoden der Zuschreibungen und Klassifizierungen hat er sich mehr als einmal blamiert gesehen.

Es war ein neues Medium entstanden: die Fotografie, durch das Kunstgeschichte zu einem Puzzle-Spiel mit Fotos werden konnte, in dem Falten, Finger, Augenbrauen und Nasenflügel in rechter Kombination den Nachweis künstlerischer Authentizität erbrachten. Burckhardt selbst hat dem neuen Medium Opfer gebracht: »Ich gerate, wenn ich wichtige Sachen fotografiert sehe, völlig unter eine Art von magischem Kaufzwang.« Am Ende hatte er sich an die 10000 Fotos zusammengekauft. »Tatsache ist, daß man in der Kunstgeschichte nur noch Fotografien glaubt und daß man dabei recht hat.« Burckhardt traute der Fotografie zu, daß sie »das Stilwesen in manchen Fällen so wiedergibt, daß wir den Anblick des Originals entbehren können«. Das war der Abschied von der Emphase des *Cicerone*, der im Untertitel eine »Anleitung zum Genuß der Kunstwerke Italiens« versprach und »durchgängig darauf rechnete, daß der Leser das in Rede Stehende gesehen habe oder sehen werde«.

Wenn Kaegi aus den Vorlesungsskripten das Interessanteste mitteilt, dann darf man schließen, daß Burckhardt gegen die Masse seiner Fotos und die Masse neuer Fakten, die ihm die aufblühenden Fachzeitschriften und zahlreichen Büchersendungen ins Haus brachten, nur noch schwer ankam. Wäre es darauf angekommen, Burckhardts Aura eines wissenschaftlichen Souveräns zu retten, hätte man es dabei belassen müssen, daß die wenigen, in jahrzehntelanger Arbeit durchgefeilten, postum erschienenen Schriften bekannt geworden sind.

Wölfflins zurückhaltendes Urteil über die Qualität von Burckhardts Vorlesungen zur Kunstgeschichte, die allzuoft Handbuchwissen mit einigen ästhetischen Allgemeinplätzen garnieren, findet man jetzt bestätigt. Doch gerade dieser Tatbestand ist wichtig.

Sein Kampf mit den Fotos und Fakten, denen er unvermittelt einige Geschmacksetiketten appliziert, bezeichnet und belegt den Prozeß des Auseinanderfallens von wissenschaftlicher und allgemeiner Kultur. Seither steht hier die verklemmte Geheimsprache und -methode der wissenschaftlichen Sachwalter, dort die Ad-hoc-Sprache und -Propaganda der Kulturszene. In Burckhardts späten Vorlesungen kann man verfolgen, wie die klassische Ästhetik sich in unverbindliche Stimmungsmetaphorik auflöst, wie ihr umfassender Anspruch vor der Macht der Tatsachen in die Knie geht.

Dieser Eindruck verfliegt, sobald Burckhardt in eine bestimmte Richtung argumentiert, wenn er die geschmacklichen Normen und die kunstgeschichtlichen Idole seiner Zeit angreift. Dann belebt sich nicht nur seine Sprache, sondern aktiviert er auch originale Grundsätze. Mit einer merkwürdigen Konsequenz wendet er sich immer wieder gegen das, was bei seinen Zeitgenossen en vogue war. Das betraf Heroen wie Michelangelo, Rembrandt, Donatello und Velázquez. Burckhardt nahm sie zumeist als das, was die Ideologen aus ihnen gemacht hatten. In der neuen Variante des Geniekultes, der umging und der die machtvollen, »großen Individuen« vergötterte, erkannte Burckhardt einen »Lakaiengeist«, der einer Affinität zur willkürlichen Gewalt, für die ihm Napoleon III. und Bismarck standen, untertänigst Vorschub leistete. »Sehr unbändige Individuen verlangen die stärkste Bändigung des Individuums unter das Allgemeine.« In der Verehrung der Künstlerheroen sah er eine Vorübung der Unterwerfung: Donatellos »heutige Überschätzung zeichnet die heutige Welt; zu jeder Energie erschallt Jubelruf«.

Mit dem Verdikt gegen die schrankenlose Subjektivität, gegen die verselbständigte künstlerische Form und gegen die Abschüttelung überlieferter Themen, »geselliger« Tradition, war jedoch nicht gemeint, wie man Burckhardt gerne unterstellt hat, daß er sich stille Künstler und erhaben abgerückte Kunstwerke gewünscht hätte. Nach den *Weltgeschichtlichen Betrachtungen* ist die Kunst, mit aller wahren Kultur, eine »Verräterin«, welche »unaufhörlich modifizierend und zersetzend auf die stabilen Lebenseinrichtungen einwirkt«. Werden die stabilen Vorgaben des Bestehenden ignoriert, sind sie in der Kunst nicht mit aufgehoben, dann ist das, was Burckhardt den alten Holländern zugestand: die »Transfiguration der Natur«, eine verbindliche und nachvollziehbare Anschauung von dem, »was sein sollte und könnte«, nicht mehr möglich.

In keiner damaligen und künftigen kunstgeschichtlichen Vorlesung wird man theoretisch und sachlich so gut abgesicherte und zugleich so dezidierte Sätze gehört haben wie folgende: »Es ist der Malerei und Skulptur in den verschiedensten Zeiten und Zivilisationen zugemutet worden, daß sie die amtlichen Darstellerinnen von Geschehnissen beliebiger Art sein sollten, bloß weil dasselbe für die bestellende Macht oder Meinung irgendwie von Wert und Wichtigkeit gewesen [...] Bei diesem allem darf sich die Kunst gegen die sachliche Vergewaltigung mit gar allen Mitteln helfen. So allein kann sie sich rechtfertigen (bis zu einem gewissen Grade) gegenüber den künftigen Jahrhunderten, welchen das vergangene Machtpathos ja keinen oder nur noch lächerlichen Eindruck macht.«

Burckhardt konnte ein Kind in sein Zimmer nehmen, damit die Haushälterin Besuchern sagen konnte, es sei schon jemand beim Professor. Es bleibt ein Rätsel, wie einem ironischen Verächter und gnadenlosen Richter, wie es Burckhardt gewesen ist, in seiner Stadt eine Verehrung zuteil wurde, die noch dieses Lebenswerk eines Nachgeborenen tragen und bestimmen konnte. Es muß daran liegen, daß Kritik noch Rettung fordert und die Ableugnung vorhandenen Glücks den Anspruch auf ein mögliches Glück begründet.

# Sehendes Denken – Heinrich Wölfflin

Hat Heinrich Wölfflin die geschichtliche Zeitgenossenschaft der Kunstwerke nicht im Auge gehabt, wie oft gesagt wird? Das Gegenteil ist richtig: Er hat sie geradezu mit panischer Angst fixiert, um ihr wie unter einem Tabu alle Zugänge zur Formenwelt abzusperren.

## *Grundbegriffe*

Heinrich Wölfflin ist einer der Kunsthistoriker, die für ein Programm stehen: »Den Ruf als Formalist werde ich nicht mehr loswerden«, notiert er im Dezember 1938 resigniert, dann aber 1940 trotzig, dass er den Titel eines Formalisten als »Ehrentitel« annehme.

Dass er dem Fach als Formalist, als engstirniger Ästhet erhalten blieb, hat dem historischen Gehalt künstlerischer Formen mehr genutzt als manche sozioökonomische Grundsatzerklärung. In der Gegenbewegung gegen Wölfflin ist in der Kunstwissenschaft wohl überhaupt erst ein schärferes Bewusstsein von den geschichtlichen Dimensionen ästhetischer Formen zustande gekommen. Es ist für den Typus des Wissenschafters, den Wölfflin vertritt, charakteristisch, dass seine Lehre immer eine Entscheidung für oder gegen sie provozierte, dass sie immer der Wahrheitsprüfung ausgesetzt oder nach ihrer erkenntniskritischen Stringenz abgeklopft wurde. Noch heute kann darüber gestritten werden, ob seine Lehre richtig oder falsch ist. So als habe er gestern geschrieben, erregt Wölfflin noch heute die Gemüter.

Man pflegt schnell über den Welterfolg der *Kunstgeschichtlichen Grundbegriffe* zu sprechen, und an diesem

Erfolg ist gewiss nicht zu zweifeln. Dennoch lohnt es, genauer zu unterscheiden. Bei Kriegsende waren bereits zwei Auflagen des Werkes verkauft, doch die ersten fachwissenschaftlichen Reaktionen kamen später. Wenn man von Wilhelm Waetzoldts Besprechung und der etwas eiligen Kritik Panofskys von 1915 absieht, dann war eine Aufsatzreihe von Oskar Wulff in der *Zeitschrift für Ästhetik und Allgemeine Kunstwissenschaft* von 1917, die äusserst kritisch mit den Grundbegriffen abrechnete, die erste Stellungnahme aus dem Fach. Wirklich ernst genommen wurden die Grundbegriffe erst von dem Literaturwissenschafter Oskar Walzl, der sie 1917 für eine wechselseitige Erhellung der Künste verwertete. Die erste zustimmende Würdigung in einem Fachorgan erschien erst nach dem Krieg, 1919 im *Repertorium der Kunstwissenschaft*, doch auch hier wird sie durch einen Philosophen, durch Erich Rothacker, geleistet. Tatsächlich also scheint das allgemeine Publikum dem Fachpublikum vorausgeeilt zu sein. Es waren schon 10000 Exemplare verkauft, eine dritte Auflage unterwegs, bevor das Fach grundsätzlich davon erfuhr.

Die zögerliche Fachrezeption bekräftigt den unausgesprochenen Sinn von Wölfflins Unternehmen: Er gab seine *Grundbegriffe* in einem historischen Moment heraus, in dem man auf den Kathedern Deutschlands nicht auf eine subtile ästhetische Begriffsarbeit eingestellt war. Der Kriegsausbruch, zu dem die deutschen Fachgelehrten ihre patriotischen Ergüsse für Kaiser und Vaterland und gegen eine französisch-englische Kulturbarbarei veröffentlichten, hat Wölfflin ratlos gemacht: »Warum stürzen sie alle zu den Fahnen, die ältesten Künstler und Professoren? Es scheint den wenigsten wohl zu sein in ihrer Haut. Von den Kunsthistorikern begreife ich's, aber es ist überall das gleiche. Und was halten die Gelehrten für Reden für den Krieg! Das ist Einheit, von der so viel Redens gemacht wird, dass alle den Verstand verloren haben …« Mitten in diese hysterische Euphorie hinein lancierte Wölfflin ein Buch, das im Vorwort nur bedauert, dass die Kriegslage eine Beschränkung in der Abbildungsmenge erzwinge, das im übrigen aber als Aufgabe der wissenschaftlichen Kunstgeschichte bestimmt, »das Auge in ein festes und klares Verhältnis zur Sichtbarkeit zu bringen«.

Für die Frage nach dem zeitgeschichtlichen Rang der *Grundbegriffe* ist wichtig zu wissen, ob der Zusammenfall des Erscheinungsdatums mit dem Kriegsanfang zufällig war, so dass beide Ereignisse gleichsam nichts voneinander wissen, oder aber, ob es sich um eine bewusste Konfrontation handelt, aus der das Buch seinen emphatischen Sinn bezieht.

## *Askese*

Es ist klar, dass die *Grundbegriffe* lange vor dem Kriege konzipiert waren. Doch es scheint vor 1914 zu einer regelmässigen, konsequenten Niederschrift nicht gekommen zu sein; eine Tagebucheintragung vom September 1913 besagt: »Bei Lektüre alter Notizbücher erschrocken über das Fahrige, Oberflächliche, Unzusammenhängende der Lebensführung.« Und noch 1914, zehn Jahre nach Erscheinen des Dürer-Buches, schreibt sich Wölfflin in das Tagebuch wie in Panik: »10 Jahre nichts. Alles wartet.«

Tatsächlich deutet alles, was an vorbereitenden Notizen und Skizzen zu den *Grundbegriffen* vor 1914 bekanntgeworden ist, auf eine geradezu beunruhigende Unsicherheit und Desorientierung. Wenn man schon allein die Titel durchgeht, die Wölfflin für das noch nicht geschriebene Buch vor 1914 erwägt, kann einem heute noch fast bange um ein klassisches kunsthistorisches Werk werden: 1902: »Der Stil. Einführung in die neuere Kunstgeschichte«;

1903: »Die Begriffe der Kunstgeschichte«; 1904: »Principien der Kunstgeschichte«. Im Jahre 1905 waren Schmarsows *Grundbegriffe der Kunst* erschienen. Das blockiert erst einmal den Titel. Der endgültige Titel lautet 1915: *Kunstgeschichtliche Grundbegriffe. Das Problem der Stilentwicklung in der neueren Kunst.*

Zur Fertigstellung des Buches bedurfte es besonderer Umstände. »Buch wie Militärdienst:«, so notiert Wölfflin im September 1913, »Nötigung zum Zusammenhalten der Kraft, zielbewusste Ökonomie.« Es scheint tatsächlich so zu sein, dass Wölfflin sein Buch als seine persönliche Version von Militärdienst zu Ende gebracht und dass er es schliesslich in einer ungeheuren Konzentration, in den Monaten nach dem Kriegsausbruch, ausformuliert hat.

Ist denkbar, dass Wölfflin an dem politischen Geschehen einen solchen Anteil genommen hat, dass es ihm einen Sinnbezug und letztlich eine Motivation zur Fertigstellung des Manuskriptes liefern konnte?

Den Kriegsausbruch erlebt Wölfflin bewusst und mit wachsender Beunruhigung. Er geht nachmittags ins Café Prinzregent, um Zeitungen zu lesen. Dann die Kriegserklärung am 1. August: »Am Marienplatz plötzlich ein Rennen gegen Sendlingerstrasse (›Neueste Nachrichten‹). Man hört drei kurze Hurra. Die ersten Zurückkommenden rufen: ›Mobilmachung!‹ ›Es wird mobilisiert!‹ Eine Zeitlang mit der Menge gewartet, bis die gedruckten Telegramme ausgehängt werden. Die Leute sind ganz ruhig.« Während seine Kollegen jubeln und agitieren, bemerkt Wölfflin neben den endlosen Abmärschen vor allem gedrückte Stimmung, Tränen, Weinen und liest er in den Zeitungen die Todesanzeigen ganzer Familien.

»Mir ist es kaum mehr möglich, für die Vorlesungen das bisschen Haltung, gelehrte Haltung aufzubringen, das als Mindestmass verlangt werden kann. Über den Einfluss

Italiens auf die deutsche Kunst zu sprechen, wenn ein und eine Million Italiener mit dem Bajonett an der Grenze vorgehen.« Praktisch spendet Wölfflin für das Rote Kreuz und ist bereit, dafür auf die Hälfte seines Gehaltes zu verzichten. Seine kritische Einschätzung der politischen Lage lässt die Arbeit an den Grundbegriffen zur Kunstgeschichte nicht unberührt.

So beobachtet er die Abneigung gegen alles Fremde, wie »überall die Firmenschilder weggenommen oder verändert sind. Schulze ›modes‹; ist gelöscht, und bei Blousen ist das o ausgebrochen. Dass man im Winter lesen wird, scheint jetzt sicher zu sein. Mir ist es recht, ich betreibe dann gleichzeitig die letzte Revision meines Manuscripts. Von Druck ist natürlich einstweilen keine Rede …« Eine andere Briefstelle vom 24. Oktober 1914 belegt ebenfalls, dass Wölfflin sich genötigt sah, »etwas zu sagen, was in diesen Zeiten standhält«. »Fast alle haben ihre (Vorlesungs-)Ankündigungen geändert. Man muss jetzt entweder populär-aktuell reden oder ganz schwer für wenige Auserwählte. Ich tue das letztere.« Wir wissen durch eine Vorlesungsnachschrift, die Hans Körner kürzlich vorgestellt hat, dass auch Wölfflin seine Vorlesung geändert und im Winter 1914/15 über »Grundbegriffe der Kunstgeschichte« gelesen hat. Sie zeigt ihn noch in einiger Ferne von dem endgültigen Text, der dann im Sommer seine letzte Fassung bekommen haben wird, da er im Oktober gesetzt und am 16. Dezember 1915 »in den Läden« ausgelegt wurde. Gegenüber seinem Schüler August Grisebach, der im Felde steht, gibt Wölfflin eine scheinbar sarkastische Begründung dafür, warum er sein »lange angekündigtes Buch herausgeworfen« habe: weil er vom Kriege eine Schärfung und Reizung von Gehirn und Nerven erwarte, die einen solchen Fortschritt der Organentwicklung bringen werden, dass danach sein Buch nicht mehr aufgenommen werden könne. Nach dem Krieg wären also die Menschen so traumatisiert und überreizt, dass seine subtilen Analysen nicht mehr rezipierbar sein würden.

Wenn der Kriegsausbruch 1914 der zeitgeschichtliche Kontext ist, von dem aus die Wölfflinschen *Grundbegriffe* ihren eigentlichen Sinn entfalten, dann ist dieser Sinn nicht ein affirmativer, sondern ein kritischer. Die formalistische Beschränkung, die Weigerung, ästhetische Formen an ausserkünstlerische Faktoren zu verrechnen, bedeutet im Jahre 1914 eine Widerständigkeit gegen die politischen Parolen des Tages. Es war allenthalben gang und gäbe, die Kunst kulturgeschichtlich einzubetten, sie in die Willensbahnen der Mächtigen, in die Ströme der herrschenden Geistestendenzen hineinzuassoziieren. Wölfflin selbst hatte mit seinen Büchern über *Renaissance und Barock* (1888) und auch noch über *Klassische Kunst* von 1898, in dem der Übergang vom Realismus des Quattrocento zum Idealismus des Cinquecento aus dem Übergang des Bürgertums zur Nobilität gedeutet wurde, dieser verbreiteten und populär gemachten Tendenz gefrönt.

Jetzt, 1914, schneidet er alle Verbindungen der Formen zum geschichtlichen Leben ab. Das ist deshalb so auffällig, weil er in den Jahren zuvor immer wieder über die geschichtliche Erklärung der Formphänomene, die er beschrieb, nachgedacht hatte. Warum aber hat er sie dann während der Niederschrift 1914/15 ganz fallengelassen und sich auch künftig allen entsprechenden Belehrungen, auch seitens seiner Schüler, versperrt?

Ein möglicher Grund für diese Askese könnte Wölfflins Beobachtung gewesen sein, dass über den Hebel der geistes- oder realgeschichtlichen Ableitung die entschiedene Instrumentalisierung der Künste vonstatten ging. Den Kriegsparteien, zumal den Deutschen, waren Kunst und Kultur synonym mit dem staatlichen und politischen Willen, der sich gegen die Zivilisationsmächte verteidigte. Inmitten einer totalen Indienstnahme der Kultur durch die Politik hätte Wölfflin in den *Grundbegriffen* auf der Autonomie und Eigengesetzlichkeit der optischen Kultur bestanden, für deren Existenz keine Macht sich verantwortlich erklären können sollte. Durchaus werden in den *Grundbegriffen* die Bedürfnisse der Ableiter angesprochen; es wird gefragt, ob es sich bei der Kunst um ein »Ausdrucksorgan der Zeitstimmung« handelt, ob für den Stilwandel ein »Anstoss von aussen« notwendig war. Darauf wird aber keine Antwort gegeben, sondern es wird ganz allgemein verwiesen auf »Geschmack und Interesse an der Welt«, auf das »Verhältnis des Individuums zur Welt«, das sich ändern kann.

Es ist kaum richtig, zu sagen, Wölfflin habe die geschichtliche Zeitgenossenschaft der Kunstwerke nicht im Auge gehabt. Vielmehr hat er die Kunstwerke geradezu mit panischer Angst fixiert, um ihnen wie unter einem Tabu alle Zugänge zur Formenwelt abzusperren. Wenn es am Ende immer wieder heisst: »Das Sehen an sich hat seine Geschichte«, dann bedeutet das eine Verweigerung gegenüber der eigenen Zeitstimmung, gegen die er sich 1916 »eine durch und durch künstlerisch bedingte Welt« vorstellen kann. Aus dieser Verweigerung beziehen die *Grundbegriffe* ihr eisiges Pathos.

## *Zeitgenossenschaft*

Diese Distanz zum Zeitgeschehen, dessen radikale Negation durch Ignorierung, ist nicht ein Sprung aus dem Zeitkontext heraus, sondern entspricht einer positiven Zeitgenossenschaft ganz anderer Art. Es gibt einen internen Zeitfaktor, der sich bei der Lektüre der *Grundbegriffe* erschliesst: Ich meine die implizite Zeitgenossenschaft der *Grundbegriffe* zur damaligen künstlerischen Avantgarde, die den Satz Wölfflins von 1914 einlöst: »Kunstgeschichte und Kunst laufen parallel.«

Wölfflin, der gerne in Künstlerateliers verkehrte, war seit den Berliner Jahren mit dem Impressionismus vertraut. Im Nachlass seines Assistenten Franz Roh befindet sich unter den zahlreichen Postkarten Wölfflins eine vom 7. Oktober 1916 mit dem Bescheid: »Wollen Sie morgen Sonntag 1 Uhr bei mir Mittag essen? Wir könnten dann nachher zusammen in die Marc-Ausstellung gehen. Antwort unnötig. Bestens grüssend, H. Wölfflin.« Diese sonst m. W. nirgends bestätigte Nachricht über Wölfflins Beziehungen zum Blauen Reiter regt dazu an, die öfters bemerkte Nähe der *Grundbegriffe* zu den Abstraktionsschritten im Blauen Reiter am Text zu verifizieren. Die Dissoziation der Form von ihrer Bezeichnungsaufgabe gegenüber dem Gegenstand oder ihre Abtrennung vom »imitativen Gehalt« oder vom »Ausdruckswert« stellt ein neues Motiv in Wölfflins Schriften dar; das Motiv in den Büchern über *Renaissance und Barock* und über die *Klassische Kunst*, die ansonsten die »Grundbegriffe« so weitgehend vorbereiten, ist allenfalls in dem Hildebrandschen Sinne gegenwärtig, dass die künstlerische Form nicht ein Abbild, sondern eine »Vorstellung« von der Natur zu leisten habe. Als Trägerin ungebundener ästhetischer Eigenqualitäten wird die Form ausdrücklich erst in den *Grundbegriffen* aufgefasst. Programmatisch heisst es etwa über Velázquez und den Impressionismus, dass beide Male eine »verblüffende Entfremdung des Zeichens von der Sache« sich findet, indem »die Zeichen der Darstellung sich vollständig getrennt [haben] von der realen Form«. Dass Wölfflin bei Botticelli »eine eigentümliche Verve und Aktivität« der Linienführung vorfindet, erklärt sich vielleicht aus Vorlieben der Jahrhundertwende, doch wenn er feststellt, dass das Auge schliesslich gelernt habe, »eine vollständig formentfremdete Zeichnung für die Form selbst zu nehmen«, dann war das eine Ausdrucksweise, die gleichsam nur in den exklusivsten Ateliers wirklich verstanden wurde. Vielleicht geht die moderne Redeweise, wonach sich in der Kunstgeschichte dauernd etwas »emanzipiert«, auf Wölfflin zurück. Er spricht davon, dass sich im 17. Jahrhundert in der malerischen Silhouette die Linie »zu einem ganz selbständigen Leben emanzipiert hat«, und wenn er beschreibt, wie man der Farbe im Barock »die Verpflichtung abgenommen hat, Klärerin und Erklärerin des Gegenständlichen zu sein«, dann spricht er von einer »Emanzipation der Farbe«, die Farbe vollbringt auch eine »Zertrümmerung der Linie« und eine »Zersetzung der Fläche«; die »Reaktionäre der Fläche« und die »Reaktionäre der Linie« werden, wie Wölfflin ebenfalls im Jargon der Avantgarde schreibt, besiegt. Wie die Farbe, so emanzipieren sich auch Licht und Schatten im 17. Jahrhundert zu eigenmächtigen Phänomenen. Bereits bei Andrea del Sarto kann es geschehen, »dass es in seinen Gewandflächen hie und da schon ganz eigentümlich zuckt«, und im 17. Jahrhundert kommt es dazu, dass »die Lichtführung nicht mehr im Dienst der gegenständigen Deutlichkeit steht, sondern sich darüber hinwegsetzt, also dass die Schatten nicht mehr an der Form kleben, sondern dass beim Widerstreit der gegenständlichen Deutlichkeit mit der Lichtführung das Auge um so williger sich dem blossen Spiel der Töne und Formen im Bild überlässt«.

Warum werden diese Ansätze für Wölfflin um 1914 aktuell? Bei Konrad Fiedler war die erkenntnistheoretische Grundlegung geleistet, ohne schon kunstkritisch anwendbar zu sein; bei Hildebrand war die Sehform nicht als ein abgelöstes Zeichen, sondern als Ergebnis einer Klärungsarbeit am Gegenstand aufgefasst, und auch Wilhelm Worringers expressionistischer Abstraktionsbegriff von 1907 war ja noch ganz gegenstandsabhängig, da die totemistische Verfremdung immer die gewaltsame Überwindung mitbezeugen musste. Und in Kandinskys *Das Geistige in der Kunst* von 1911 ist, umgekehrt, die abstrakte Form immer wieder mit Inhalt, mit Ausdruck, Seele und Geist aufgeladen. Es ist, als habe jemand (und es könnte ja Franz Roh gewesen sein) Wölfflin von dieser Schrift berichtet im Stil einer nüchternen Bestimmung ihrer Essenz, ohne deren Garnierung und Legitimierung zu erwähnen. Jedenfalls ist bei Wölfflin die Emanzipation der Form als eine wirkliche Ablösung sowohl von der Gegenstandsform wie auch von aller Ausdrucksfunktion aufgefasst. Wölfflin kann so weit gehen, ein zentrales ästhetisches Theorem, ohne das bis heute kein kunsthistorischer Unterricht auskommt: die Einheit von Inhalt und Form, zwar nicht preiszugeben, aber doch zu relativieren. Noch 1935 äussert Wölfflin: »Die alte Kunst ist Kunst, nicht wegen, sondern trotz ihres inhaltlichen Interesses.« Manches kunsthistorische Ideologem wäre nicht zustande gekommen, wenn man diesen Anlauf, die Form vor dem Inhalt zu retten, weitergetrieben hätte.

Es gibt eine Stelle in den *Grundbegriffen*, die der Emanzipation der Form eine fast phylogenetische Mission zuschreibt. Sie lautet: »Das Umreissen einer Figur mit gleichmässig bestimmter Linie hat noch etwas von körperlichem Greifen an sich. Die Operation, die das Auge ausführt, gleicht der Operation der Hand, die tastend am Körper entlang geht, und die Modellierung, die in der Lichtabstufung das Wirkliche wiederholt, wendet sich ebenso an den Tastsinn. Eine malerische Darstellung dagegen in blossen Flecken schliesst diese Analogie aus. Sie wurzelt nur im Auge und wendet sich nur an das Auge, und wie das Kind sich abgewöhnt, alle Dinge auch anzufassen, um sie zu ›begreifen‹, so hat die Menschheit sich abgewöhnt, das Bildwerk auf das Tastbare hin zu prüfen. Eine entwickeltere Kunst hat gelernt, der blossen Erscheinung sich zu überlassen. – Damit hat die ganze Idee des Bildwerks sich verschoben: das Tastbild ist zum Sehbild geworden, die kapitalste Umorientierung, die die Kunstgeschichte kennt.« Diese kapitale Umorientierung impliziert die Sublimation vom nehmenden, räuberischen, besitzgierigen Greifen und Einverleiben zu einer sehenden, distanzierten, befreiten Reflexion. Aby Warburg, der von ähnlichen Ideen aus der Völkerpsychologie Useners und Wundts ausgegangen war, plagte damals die Angst, dass der Weltkrieg den Rückfall in den Stand unmittelbaren, primitiven Verschlingens und Greifens bringen könnte. Wenn Wölfflin die Sublimation des Tastens zum Sehen für die kapitalste Umorientierung hält, welche die Kunstgeschichte kennt, dann scheint er darauf zu vertrauen, dass auch der Krieg diese Entwicklung nicht werde revidieren können.

Es gibt allerdings eine Form von Naturzwang, der Wölfflin Tribut zollt, und es ist zugleich die prekärste Konzession, die er bis zuletzt an den allgemeinen Zeitgeist zu leisten bereit war: für die »Frage nationaler Formphantasie«, die sich ihm in Nord und Süd, Germanisch und Romanisch polarisiert, hat er sich sein Leben lang interessiert. Während jedoch für die Ideologen des Weltkrieges die nationalen Charaktere ihre Entscheidungsschlacht schlugen, gibt Wölfflin eine humanistische Anweisung, an der er auch später festhalten wird: »So verschieden die nationalen Charaktere sein mögen: das Allgemein-Menschliche, das bindet, ist stärker als das Trennende.« In diesen drei Momenten: in der Askese gegenüber historischen Bedingtheiten, in der Analyse abgelöster Formerfahrung und in der Volksbindung stilistischer Charaktere, sind die *Grundbegriffe* an den zeitgeschichtlichen Kontext gebunden; aus dieser Bindung beziehen sie ihren emphatischen Sinn, ihre Legitimation und auch ihre Wahrheit. Ausserhalb dieses Kontextes jedoch, ausserhalb dieses zeitgeschichtlichen Zusammenhanges, verlieren die *Grundbegriffe* ihre Authentizität; ihr Sinn kann ausserhalb dieses historischen Kontextes nicht mehr vertreten und verteidigt werden.

### *Krise und Rückzug*

Aus der Tatsache, dass der situationsbedingte Sinn der *Grundbegriffe* nach Kriegsende nicht mehr als ewige Wahrheit über die Zeiten zu retten war, scheint sich für Wölfflin eine Krise entwickelt zu haben, die ihn an den Rand einer biographischen Katastrophe brachte. Die jetzt veröffentlichten Auszüge aus Tagebüchern und Briefen reichen hin, um den Hintergrund eines Vorganges zu erhellen, der für die Zeitgenossen ein Rätsel geblieben ist: Wölfflins Aufgabe des Münchener Lehrstuhls im Jahre 1924 und sein Rückzug nach Zürich.

Gegen Ende des Krieges, im Dezember 1917, nimmt er »wie alle besseren Leute jetzt mehr und mehr die Wendung aufs Weltanschauliche«. Nach einer Krankheit stellt er sich »so deutlich die Qual eines Menschen vor, der auf dem Totenbette liegt und dem erst dann zum Bewusstsein kommt, dass er zeitlebens nur an Unwesentliches gedacht hat und nun nicht mehr die Kraft hat, seine Seele in Ordnung zu bringen«.

Während der Räterepublik, im April 1919, ist er »froh, am Posten zu sein, komme, was wolle«. Universitäre »Volkskurse« will er »ganz gern« abhalten. Doch gegen solches beiläufige Engagement meldet sich immer wieder ein offenbar ganz elementarer Zweifel: »Die ›Kunst für Alle‹ ist mir nie als eine wirkliche und mögliche Sache vorgekommen. Aber ich habe mich einstweilen doch einreihen lassen in die ›Abendvorlesungen‹ der Universität, die für Arbeiter bestimmt sind.« Er beklagt sich dann, dass das Auditorium maximum zwar voll war, »aber die Blusen keine Arbeiterblusen« waren.

Im Mittelpunkt dieser Zweifel steht eine fachwissenschaftliche Einschränkung, steht die Einsicht in »das Relative aller Leistungen in Fachwissenschaften«; es erscheint ihm unwürdig, »bis ans Ende seiner Tage den letzten Feststellungen der letzten Zeitschriftennummer« nachzurennen. Derjenige Wissenschafter, der am meisten dafür getan hat, die Kunstwissenschaft zu einer Fachwissenschaft zu machen, sie aus allen idealistischen und moralischen Pflichtleistungen zu entlassen, fühlt sich jetzt beengt und eingeschnürt durch die fachwissenschaftliche Borniertheit und Sinnentleerung, und er zögert auch nicht, sich einzugestehen, »dass die Kunstwerke ›der Güter höchste‹ nicht sind«. Dazu das Tagebuch im Mai 1923: »Die entscheidende Überlegung für den Abgang lautet: nicht mehr ein Fach vertreten müssen, sondern nur noch machen, was einem liegt; persönlich werden; jung werden; schön werden usw.«

Aus diesen jahrelang gehegten Selbstzweifeln und Skrupeln ergibt sich schliesslich der Entschluss, den Abschied zu nehmen. Karl Vossler schreibt am 19. Dezember 1923 an Benedetto Croce: »Seltsamer Fall. Auf dem Höhepunkt seiner Tätigkeit, in voller Arbeitskraft, noch nicht sechzigjährig, erklärt Wölfflin, dass die Wissenschaft ihn nicht mehr interessiere und dass es für ihn Zeit sei, aus der Berufsarbeit auszutreten …« Interventionen des Rektors und des Ministers, der moralische Druck der Studenten vermochten Wölfflin nicht davon abzubringen, in seinem 60. Lebensjahr von seinem Münchener Lehramt zurückzutreten. Den Studenten sagt Wölfflin zum Abschied: »Ich gelte als Formalist, als kühl. Ich bin es nicht. ›Grundbegriffe‹ geschrieben, nicht um die Geschichte zu mechanisieren, sondern um Urteil exakt zu machen. Das Willkürliche, die blosse unkontrollierbare Gefühlseruption war mir immer widrig.« Er wolle »den Kreis der individuellen Bildung schliessen«. »Und wenn ich den letzten Vorhang wegziehen soll. Verlangen, aus dem blossen Fach auszutreten, die allgemeinsten Fragen aufzunehmen. Vor meinem Gewissen berufe ich mich auf diese Pflicht. Und kann den Schritt verantworten.«

Er hatte das Fach eng gemacht, auf exakte Urteile festschreiben, professionalisieren wollen – und nun steigt er aus, um sich wieder der Bildung zuzuwenden, dem Allgemeinen, das er aus dem Fach exstirpiert hatte. Er, der das Fach gelehrt hatte, mit Begriffen umzugehen, betrachtet seine »Rolle in der akademischen deutschen Kunstwissenschaft« als »ausgespielt«, weil ihm »gelehrte Feinarbeit« nie erreichbar gewesen sei. »Man kann nicht sterben mit dem letzten Heft der Jahrbücher der preussischen oder der Wiener Kunstsammlungen in der Hand …«

Da Wölfflin sich selbst kaum noch für verteidigungsfähig hielt, wird man ihm heute nicht gerecht, wenn man ihn im Namen irgendeiner Sehkultur oder irgendeiner Stammvaterschaft verteidigt, seine Lehre bestätigt, ergänzt oder widerlegt. Am ehesten gerecht wird man ihm über eine rigorose Relativierung, etwa im Sinne einer seiner Lieblingsmaximen: »Es ist nicht alles zu allen Zeiten möglich.« Auch Wölfflin nicht.

# »Gebaute Kunstgeschichte« Richard Hamann

Jacob Burckhardt hat einmal gemeint, der kolossale David des Michelangelo erscheine günstiger, wenn man ihn durch ein Verkleinerungsglas betrachte.

Alle Würdigungen, die Richard Hamann bisher zuteil wurden, sind geprägt von dem Eindruck persönlicher Nähe: Wie stellt sich Hamann aus der Distanz dar?

Hamann selbst hat mit Worten und Objektiven unablässig distanziert, über Räume und Zeiten hinweg begrifflich zusammengerafft.

Er verachtete Heroen, zeigt sich aber immer wieder fasziniert von Verbrechern: »Als unter unglaublichen Umständen in bewunderungswürdiger Geschicklichkeit und Voraussicht Einbrecher die Tresors einer Diskontogesellschaft ausraubten, gab es Leute, die vorschlugen, sie zu Ehrendoktoren der Technischen Hochschule zu ernennen. Sie betrachteten diesen Einbruch als ein Kunstwerk«.

War Hamann selbst ein doktorierter Einbrecher?

Als Sohn eines Briefträgers in Seehausen, Kreis Wanzleben, geboren, war er unter großen Entbehrungen in die Gesellschaft der Gelehrten und Ästhetiker eingebrochen: Bei Wilhelm Dilthey promovierte er 1902 in Philosophie. Bis zur Habilitation, 1911 bei Heinrich Wölfflin, hatte er bereits acht Buchveröffentlichungen vorgelegt, – so als müsse er in einem produktiven Schnellkursus nachholen, was anderen in die Wiege gelegt war. Immer wieder taucht in Hamanns Schriften das Motiv der Chancenungleichheit auf.

»Ein Arbeiterkind und ein Bankierssohn«, so heißt es

in der Einleitung der *Geschichte der Kunst*, »werden sich menschlich in ähnlichen Formen entwickeln ... Und dennoch, wie anders verläuft geistig dieser gleichartige Rhythmus in einem und im andern Falle!«

Rembrandts Jugend hat Hamann mit offenkundigen autobiographischen Zügen ausgestattet, wo er von dem Müllerssohn berichtet, der »in die kleine Oberschicht der Gebildeten einrückte«, der wie ein »Pegasus im Joche [...] seine Fesseln bricht« und der »viel mehr als die Kinder der Gebildeten den Reiz einer neuen Welt sich eröffnen sah« und für den zugleich »eine Entfremdung eintrat gegenüber allem, was ihm bisher lieb war«. Und noch spät bemerkt Hamann die Vorteile, welche die Tradition der Gelehrtenfamilie Ludwig Justi bot: »vor allem gab sie ihm das Selbstbewußtsein und die Sicherheit«. Der Mitschüler Hamanns, Georg Kaiser, hatte 1917 in dem Schauspiel *Die Koralle* das Psychogramm eines Aufsteigers grell beleuchtet: Zu sich selbst kommt er erst, als er seine Kindheit gegen eine wohlbehütete ausgetauscht hat.

Richard Hamann ist wohl einer der ersten Repräsentanten der Unterschichten im Arcanum der Kunstwissenschaft, und gewiß der einzige, der diese Provenienz theoretisch und praktisch in das Fach eingebracht hat. Mit einem fast anarchischen Eifer hat er die geistigen Gefilde der Privilegierten durchwühlt. Kaum eine der Schubladen, in die das Bildungsbürgertum die Kunstgüter zu verstauen gelernt hatte, blieb bei Hamann aufgeräumt: Was sie »Weichen Stil« nannten, nannte er »Prunkstil«; was sie »Frührenaissance« nannten, nannte er »Neogotik«; was bei ihnen »Hochrenaissance« hieß, heißt bei Hamann »Frühbarock«. Adolph Goldschmidt notierte nachsichtig, daß »die übliche Nomenklatur der Stilperioden vielfach umgestoßen wird«, während Ernst Kühnel von »haarsträubenden Ideen« sprach, »die nichts als eine eigensinnige Widerspenstigkeit gegen die normalen Prinzipien historischen Denkens gemeinsam haben«.

Nicht nur mit der Nomenklatur der Wissenschaft, sondern auch mit Assoziationsreservaten verfuhr Hamann wie ein ungebärdiger Eindringling. Auffällig oft greift er nach Metaphern des Gefesselt- und Gefangenseins. Das ehrwürdige Theoderich-Grabmal in Ravenna ist ihm »eine Art Topf mit Deckel«. In St. Michael zu Hildesheim sieht er in den Querschiffarmen Vergitterungen, »aus denen Blicke wie von Gefangenen herausbrechen«. Die Figuren der Bamberger Ostchorschranken werden von dem »ornamentalen Gekurve« umkreist, »wie Laokoon von Schlangen«. In der Bonner Pietà legen sich Horizontale und Vertikale »wie die Gitter eines Gefängnisses« vor den Stamm des Körpers, und die gotischen Kirchen in England erscheinen ihm »wie ein von Eisenstäben eingefaßtes Glashaus, durchsichtig und abschließend wie ein Käfig«.

Noch auffälliger läßt Hamann Erfahrungsbereiche von Ausgeschlossenen über seine Metaphorik in die Kunstsphäre ein: Sähe man in der Rolin-Madonna des van Eyck nur auf die Physiognomien, »man würde glauben, eine Frau aus dem Volke wäre mit ihrem Kinde beim Arzt«. Bei Botticelli sind die Köpfe der Figuren »wie Pflastersteine ineinandergekeilt«. »Ideal« der holländischen Landschaftsmalerei wird nach Hamann »gleichsam der Misthaufen«. Kirchner gibt sich »berlinisch rumtreiberisch; manchmal ist es pariserische Kultur, die nur so tut, als wäre sie Gassenjunge.« Und Kandinsky läßt Farben verlaufen, »als ob Likörflaschen auf einem weißen Tischtuch umgefallen seien.« Solche Assoziationen, die die Gosse in die Kunstsalons einbrechen lassen, haben Hamann manchen Ratschlag eingetragen, wie den von Landsberger: »Solche Sätze sollte ein Historiker, der das Wort in einzelnen Partien […] in seiner ganzen Ausdrucksfülle und Kenntnis leisester Schattierungen beherrscht, nicht drucken lassen. Man braucht am Schreibtisch gewiß nicht im Gehrock zu sitzen, aber sollte hier auch nicht in Hemdsärmeln erscheinen«.

Gerade dies aber war einer der wichtigsten Beiträge Richard Hamanns: Die Hemdsärmligkeit in die Kunstgeschichte eingeführt zu haben.

In seiner *Ästhetik* von 1911 hatte sich Hamann noch an den Normen einer abgehobenen Philosophie orientiert: Das ästhetische Erlebnis wird rigoros isoliert, zweck- und interessefrei gesetzt: die »Autokratie des ästhetischen Objektes« soll sich durchsetzen gegen die »Despotie der Pflichten«; Kunst und Leben sind strikt distinkte Sphären. Eine »Angelegenheit der Nationalökonomie« ist das ästhetische Erlebnis nur insofern, als es »moralische Ferien« und »tätige Erholung« gewährt, allerdings nicht, wie es ausdrücklich heißt, für die Armen und Elenden.

Zur gleichen Zeit aber, da er seinen Gegenstand so beredt abschirmt, ist Hamann mit Dr. Stoedtner bereits unterwegs, um eine imaginäre fotographische Gesellschaft aller Bildwerke aufzubauen. In dieser fotographischen Gesellschaft sind die Kunstwerke erlöst von ihren örtlichen, originalen Bindungen und Funktionen, und sie können neue Beziehungen und neue Wirkungen stiften. In dieser Gesellschaft treffen sich Groß und Klein: Die zahlreichen Kapitelle und Schmuckformen des Magdeburger Domes rücken zu Typen und Varianten zusammen und treten klärend und erläuternd neben die großen »Zweckformen«, die bis dahin das Stilbild prägten. Es trifft sich in dieser Gesellschaft, in der alles vergleichbar, alles mitteilungsfähig geworden ist, die Ränge und Prioritäten neu verteilt werden: Durch ihre Frühdatierung gewinnen etwa das Gerokreuz oder die Bonner Pietà eine neue, unvermutete Prominenz. Durch diese fotographische Gesellschaft können aber auch Kleinmeister zu Großmeistern werden, wie Hamanns Mentor Curt Herrmann, und mancher Maler hat Hamann Foto-Pakete seiner Werke geschickt in der Hoffnung, durch eine Aufnahme in die Fotogesellschaft Ewigkeitswert zu erlangen.

Das Fotoarchiv ist der Versuch, die Kunstwerke in eine ideale, zweckenthobene Gemeinschaft zu führen, in der sie über alle Räume und Zeiten hinweg, und frei von ihrer materiellen und musealen Gebundenheit, einem selbstbestimmten, aktuellen Erkenntnisinteresse verfügbar werden. Aus den zivilisations-, kultur- und sozialtheoretischen Bewegungen der Jahrhundertwende, die mit dem Werkbund, mit Friedrich Naumann, mit Karl Lamprecht, Ferdinand Tönnies und Max Weber benannt seien, muß sich Hamann die Grundausrüstung seines Denkens beschafft haben, die sein Erkenntnisinteresse an eine künftige »Sach- und Produktionskultur« band, in welcher alle Schranken abgebaut sind, die ihm von seiner Herkunft her vorgegeben waren.

Hamanns ästhetische, kulturphilosophische und auch kunsthistorische Anschauung ist uns so sehr in die Ferne gerückt, zugleich aber ist die von ihm ersehnte Sachkultur uns so nahe gerückt, daß man sie kaum noch nachvollziehen könnte, wenn sie nicht materialisiert wäre.

Das Kunstinstitut (Ernst-von-Hülsen-Haus), seine Funktion und Ikonographie, ergibt ein Gesamtkunstwerk, oder, wie Hamann gesagt hätte, ein »Begriffsgefüge«, das uns Möglichkeiten und Grenzen seines Denkens und Wirkens noch vergegenwärtigen kann. Es mag sein, daß für Hamann das Haus zu prunkvoll geriet, daß er eine Fabrik hatte haben wollen und ein Schloß erhielt. Dennoch scheint mir kaum zweifelhaft, daß wir einen Komplex vor uns haben, der eine »gebaute Kunstwissenschaft« repräsentiert.

Antike Klassik und mittelalterliche Hochgotik hatten die menschlichen Grundwerte und Grundpositionen herausgetrieben, das Programm aufgestellt, aber nur beschränkt realisiert: dort galt es nur der heroischen Einzelperson, hier, im Mittelalter, nur den Mitgliedern der Kaste: Es waren partikular begrenzte, aristokratische Positionen. Die Verallgemeinerung und Sozialisierung dieser Hochformen menschlicher Kultur ist für Hamann das Thema der seitherigen Geschichte. Es entfaltet sich nach Hamann, der seit 1907 immer wieder nach »Mehr Hegel!« gerufen hatte, in einer unablässigen Dialektik von revolutionärer These, reaktionärer Antithese und objektivierender Synthese. Die revolutionären Thesen werden vorgetragen in den naturalistischen »Revolutionen« und Protestbewegungen des 15., 17. und 19. Jahrhunderts: hier wird mit gewaltsamer Vehemenz das christliche Mitgefühl auf die Natur, auf alle Menschen und Völker übertragen, verallgemeinert. Diesen »sympathisierenden« Strömungen antworten jeweils reaktionäre Antithesen, in denen Ordnung, Hierarchien, Traditionen und Privilegien wiederhergestellt werden, so in der Hochrenaissance, im Barock, bei den Nazarenern und in der Neorenaissance der Gründerzeit. Dieses Auf und Ab sollte sich im Erdgeschoß des Museums darstellen, wo auf Seiten der Antike der nordwestliche Ecksaal mit Beispielen aus dem »griechischen Barock« bestückt war; im Südflügel, der mir im einzelnen nicht rekonstruierbar ist, standen wohl, im wesentlichen wie heute, Zeugnisse der herrschaftlichen Hofsphäre den bürgerlichen Gegenentwürfen aus Alltag und Kunst gegenüber. Die letzte Stufe dieser entgrenzenden, mitfühlenden Subjektivität sah Hamann im 19. Jahrhundert führend durch Literatur und vor allem durch Musik vertreten: Der Musik ist im Obergeschoß des Hauses dieser höhlenartig abgeschlossene Saal eingerichtet, der gleichsam nur über geheime Hintertreppen erreichbar ist. Er bietet ein Refugium an, in dem die Musik in einer fast kultischen, katakombenhaften Atmosphäre aufgenommen werden kann. Der Raum veranschaulicht die »Gefahr«, die nach Hamann dieser bürgerlichen Kultur der Innerlichkeit, der Sympathie und des Mitgefühls innewohnte: Die Gefahr, daß sie sich abkapselte vom Leben, daß sie sich nur als Feiertagserlebnis, als »Lebensersatz«, nicht aber als Lebenswirklichkeit auswirkte; sie blieb das Privileg der wenigen, die sich im Kunstgenuß nur rüsteten und entschädigten für die unerbittliche Härte, mit der sie im Leben ihre Interessen durchzusetzen hatten.

Klassische herrschaftliche Objektivität und romantische, bürgerliche Subjektivität trieben sich nur immer wieder in einen Widerspruch, in dem das Glück privatisiert blieb. Das Ungenügen daran hat sich historisch in den Manierismen kundgetan, in denen klassische Objektivität und romantische Subjektivität offen aufeinanderprallten: Michelangelo, Greco, Goya, dann aber auch etwa Rodin haben das Ungenügen an den Extrempositionen zu offenen Wunden gestaltet.

Erst in seiner eigenen Zeit sah Hamann mit der Entwicklung der Industrie und der technischen Zivilisation die Voraussetzungen dafür gegeben, daß sich die alten Widersprüche endgültig auflösten. Die Normen und Prinzipien, auf die sich diese künftige Kultur aufbauen würde, sah Hamann in einer Kunst der Neuen Sachlichkeit bereits klar vorgezeichnet: Den Expressionismus deutete er, und darin war er originär, nicht als einen neuen Subjektivismus, nicht als ein Ausdrucksprinzip, sondern als ein rationales Konstruktionsprinzip, in dem es nicht mehr um Naturgefühl oder Ichgefühl ging, sondern um die Form-Sache, um das zweckfreie Machen und Produzieren, um das autonome Kunstgebilde, das als Ware unter Waren, als Sache unter Sachen, als Fabrikat unter Fabrikate tritt. In der Neuen Sachlichkeit der Kunst waren die Grundprinzipien einer »Sach- und Produktionskultur« ausgebildet, die eine künftige Gesellschaft zu bestimmen hätte; sie war bereits angelegt, aber noch nicht real. Erst kürzlich ist eine Stellungnahme bekannt gemacht worden, die Hamann 1919 in einer Werkbundsitzung gegen Poelzigs Anpassungsforderungen gegenüber der Technik abgegeben hat: Wie der gotische Tempel, so argumentiert Hamann, wie jeder Dom durchaus im Widerspruch mit der gewohnten Konstruktion, mit dem Stand der Technik, entstanden sei, so müsse auch jetzt die Kunst über diese hinausführen: »Wenn wir nun aber mit diesen Gegenständen unsere Persönlichkeitskultur oder Geselligkeitskultur repräsentieren wollen, so geraten wir immer noch in Gegensatz zu den gesellschaftlichen Formen, die sich eben noch nicht verändert haben [...]«

Die Kunst hat danach die Aufgabe, die der Technik immanenten Rationalitätsangebote aufzugreifen und auf eine neue Stufe des Fortschritts zu verweisen. Die Entwicklung zu dieser antizipierten Sachkultur ist im Museum auch mit Hilfe von Leihgaben aus Berlin und Kassel in den Kabinetten des Obergeschosses nachgezeichnet, wo sie, zwischen Antiker Klassik und Hochgotik eingespannt, zugleich deren Gehalte erledigte: alle Erfahrungen der Innerlichkeit, des Mitgefühls, der natürlichen und menschlichen Intimität mündeten ebenso wie die gegenteiligen Setzungen aus Tradition, Idealität und Repräsentation in eine neue Form der unbelasteten, allein der Sache verpflichteten Askese. In Hamanns eigener Sammlung standen auch Bilder von Kanold und Schrimpf bereit, die harten Prinzipien dieser Sachkultur zu verkünden, die er so umschrieben hat: »[...] durch die Bedeutung der Sachen im heutigen Leben schwillt der Apparat der Industrie zur herrschenden Lebensmacht überhaupt. Damit verliert aber auch der Naturbegriff, die fühlende seelische Teilnahme am organischen Wesen ... eine götzenhafte Bedeutung. Die Verachtung alles Rationellen, von Menschen Berechneten, von Menschen Konstruierten wird in einer Zeit sinnlos, in der die Konstruktion von Apparaten, der Bau von Kraftwerken und

Fabriken, der Ersatz der Naturprodukte durch Kunstwerke die Hauptsache wird. Diese Menschheit müßte sich selbst aufgeben, wollte sie nicht diese produktiven Kräfte als einen positiven Wert einschätzen [...] Sie muß versuchen [...], diesen Sachen so viel geistige Bedeutung mitzuteilen oder abzuringen, daß diese Sachbedeutungen [...] den Menschen ebenso erfüllen wie einstmals die kultischen Werte der Verehrung oder die menschlichen des Mitfühlens«.

Es ist nicht leicht, sich in einer Atmosphäre, die unter solche Postulate gestellt war, einen universitären Alltag vorzustellen. Den Museumsabteilungen waren im Gartentrakt des Gebäudes die entsprechenden Wissenschaften zugeordnet. Hier sollte eine stilgeschichtliche Ausdruckskunde betrieben werden, welche die Formphänomene als Kulturphänomene deutete. In der Wölfflinschen Stilphänomenologie sah Hamann das kunstwissenschaftliche Gegenstück zur Neuen Sachlichkeit in der Kunst: die Stilgeschichte hatte die Künstlergeschichte abgelöst, sie kam ohne Namen, ohne Heroen aus, und auch sie stellte die begriffliche Konstruktion über mimetische Einfühlung; die Sachdimension über die Gefühlsdimension. Hamann hat Wölfflins Methodenentwurf eine gesellschaftspolitische Programmatik unterstellt.

Das fast klösterlich geschlossene System in den Mauern des Hülsenhauses enthält jedoch Elemente, die über es hinausweisen. Das eine Element bildet der Öffentlichkeitsbezug des Hauses. Der Konzertsaal, die Gästezimmer, die Oberlichtsäle im Museum für Wechselausstellungen neuester Kunst bieten der Öffentlichkeit aktuelle Anreize. Im zentralen Lesesaal waren nicht nur alle wissenschaftlichen Fächer des Hauses bibliothekarisch in einem interdisziplinären Arbeitsfeld zusammengeführt. Vielmehr war dieser Lesesaal eine Präsenzbibliothek, die auch der Stadtbevölkerung offensteht. Diese Öffnung der Universität zur Gesellschaft hin darf wohl auch noch in der Zeit der Tage der offenen Türen als einzigartig gelten. Die »volkserzieherische« Aufgabe lag satzungsgemäß ja auch dem Bildarchiv zugrunde, das denn auch eine beträchtliche Verantwortung für den Bilderschatz der deutschen Seele trägt. Aber auch der Verlag des Kunstgeschichtlichen Seminars hat manche wohlfeile Bild- und Reihenpublikation unter das Volk gebracht. Mit ihnen wendet sich Hamann an die Schichten, aus denen er aufgestiegen war, und liefert ihnen nach, was ihnen bisher vorenthalten war.

Der zweite Weg, der aus dem geschlossenen Areal des Hülsenhauses nach außen führte, war der Praxisbezug. Die hochmütige Überschätzung der Kopfarbeit gegenüber der Handarbeit ist ein Leitmotiv Hamannscher Kulturkritik. Im Hülsenhaus sind allenthalben Übungsräume für die handwerkliche Demütigung der geistigen Arbeiter eingerichtet. Praktische Tätigkeit kann sich in allen Winkeln des Hauses abspielen: Neben einem Raum für einen Lektor der Vortragskunst und für Malerei und Graphik, neben einer Werkstatt und einer Dunkelkammer des Prähistorischen Seminars, ist da vor allem ein privatwirtschaftliches Produktionszentrum: Die Labors der Fotographischen Abteilung im Keller, deren Geschäftsräume und Archiv im Erdgeschoß; mitten im Geistestempel ein Wirtschaftsbetrieb mit Bilanzen, Konten und Kunden, dessen wissenschaftliches Management seit 1929 das Forschungsinstitut für Kunstgeschichte übernehmen sollte. Hamann soll sich gerne als »Kuli der Kunstwissenschaft« bezeichnet haben. – Die expansive Geschäftigkeit hat gewiß manches ausgespart. Erst Karl-Herrmann Usener hat dem Meditativen, dem Zweifel, dem Rückzugsbedürfnis, der in sich gebrochenen Reflexion, der bei sich gelassenen, unverwerteten ästhetischen Erfahrung ein Daseinsrecht in diesem Seminar gegeben.

Human ist das Gesamtergebnis der enormen Arbeitsleistung Richard Hamanns dort, wo es den Normen des

Arbeitsbegriffes widerspricht, die er theoretisch propagiert hat: Sinn der Arbeit ist es danach, sie »um ihrer selbst willen zu tun«. Vergeistigung der Arbeit heißt für Hamann zugleich, die Subjektivität preiszugeben. Während Spengler beklagte, daß niemand es mehr wage, »den Rang, die Qualität einer Leistung als Maßstab ihres Wertes zu betonen«, konnte man bei Hamann dieses versachlichte Arbeitsethos immer wieder ausgeführt finden: »Nicht die Güte der Sache, die erarbeitet ist, die Qualität, bildet den Lohn und das Motiv der Arbeit [...] Das gibt es schon und das Werk, das um seiner selbst willen geschaffen ist nach dem Grundsatz der Qualität, nennen wir Kunstwerk [...]« Das Medium, in dem sich die Hamannsche Erfahrung sozialer Widersprüche auflösen sollte, war eisige Sachlichkeit und Rationalität. An einer exponierten Stelle des Jubiläumbaues ist diese Vorstellung auch verbildlicht worden: Die Bronzetür des Museums wurde von den Angestellten und Arbeitern der Universität – über einen Lohnabzug – gestiftet, und ihnen ist sie inschriftlich und bildlich auch gewidmet. Der Bildhauer W.E. Lemcke aus Berlin, der auch die Schlußsteine mit den Wahrzeichen der hessisch-nassauischen Stifter-Städte lieferte, hat sie ausgeführt. Er konnte an die neue Dignität anknüpfen, welche die Bronzetür durch den ein Jahr zuvor im Verlag des Kunstgeschichtlichen Seminars erschienenen ersten Band des Corpus frühmittelalterlicher Bronzetüren gewonnen hatte. Die Türgriffe zeigen links einen Arbeiter mit Hammer, rechts einen Angestellten mit Feder, Block und dem »white collar«. Die Unterscheidung zwischen Arbeitern und Angestellten war ein zentraler gesellschaftspolitischer Diskussionspunkt seit Jahrhundertbeginn. Emil Lederer hatte 1912 die Angestellten als »geistige Arbeiter« definiert, während die Proletarier die niedere, »manuelle« Arbeit verrichteten. Diese Differenzen sind durch die Attribute deutlich ausgeprägt, doch nicht in der Physiognomie, die in beiden Fällen identisch ist: Beide heroisiert, entpersonalisierte Verkörperungen der Rationalität, etwa so, wie sie wenig später Ernst Jünger sich vorgestellt hat. Ohne Mitgefühl, ohne Sympathie, kein Selbstbewußtsein mehr, nur noch Funktionsbewußtsein.

Ich habe Richard Hamanns Leistung beschrieben als ein strukturiertes Produkt, als ein Kunstwerk. Die ihn persönlich kannten, werden ihn kaum wiedererkannt haben. Der gelesene Hamann ergibt einen Kunsthistoriker, der die Geschichte aus den Erfahrungen seiner Gegenwart heraus zu bewältigen suchte. Ziele und Inhalte dieser Bewältigung ergeben sich aus der persönlichen Struktur: Ein Einbrecher, der sich eingemauert hat in ein System des Denkens, für das ihm eine anschauliche Form, dieses Haus, geschaffen wurde. Doch diese geschlossene Form hat Ausbruchsmöglichkeiten, die noch immer nutzbar sind.

# Gebrochenes Licht – Hans Sedlmayr

Ob Polemik den aktuellen Anlaß überdauert, entscheidet sich auch an der Form. In Lessings Streitschriften ist die Relevanz des meist antiquarischen Streitobjektes gleichsam widerlegt durch die lebendige Schärfe, die verbindliche Wahrheit des Stiles. Denn inhaltlich ist »alle Anti-Bewegung mit dem Abgelehnten in geistiger Verbindung« und steht und fällt mit dessen Gültigkeit. Dies sieht Hans Sedlmayr, der Münchner Ordinarius für Kunstgeschichte und hartnäckige Streiter in Dingen der modernen Kunst, selbst sehr deutlich, und er weiß, daß die neueste Entwicklung der Kunst sich den Kategorien zu entziehen beginnt, mit denen er 1948 in seinem Buch vom *Verlust der Mitte* noch so sicher diagnostiziert und gekämpft hatte. So liest sich denn auch die Sammlung seiner Aufsätze zur modernen Kunst, die nun unter dem Titel *Der Tod des Lichtes* in Buchform vorliegen, wie ein später Epilog zu den heftigen Auseinandersetzungen um die »dämonischen« und »atheistischen« Tendenzen der modernen Kunst, von denen sich das Nachkriegsdeutschland noch hatte aufwühlen lassen.

Sedlmayrs Grundthese, daß alle Übel der modernen Gesellschaft und der modernen Kunst aus der Abkehr des Menschen von Gott, aus der Autonomisierung des Menschen und seiner Fähigkeiten resultierten, verliert mehr und mehr mit ihrer weitgreifenden Anschaulichkeit auch ihren Gegenstand und ist fast zu einer anthropologischen oder theologischen Fachfrage zusammengeschrumpft. Mit dem bitteren Ernst seines Engagements ist es Sedlmayr wohl nicht anders ergangen als der modernen Kunst selbst, an der er sich rieb: Der Protest der Avantgarde von einst gefällt sich nur im kulturindustriellen Getriebe und ist mit seiner Verkäuflichkeit und Salonfähigkeit eingestandenermaßen in eine unauflösbare Aporie hineingeraten; der Zeitlichkeit entrinnt sie nicht mehr, wo es der Form nicht gelang, die Intention zu überspielen.

Sedlmayrs Stil ist flüssig und klar. Tänzelnd gleichsam schwingt er sich über Abgründe hinweg, ohne doch den kunsteuphorischen Jargon zu bemühen. Die Glätte und Eleganz der Diktion jedoch verdeckt nur scheinbar die Risse und Brüche, das fast unwägbare Wanken in erstarrter Position. Zu große Gescheitheit ist hier am Werke, als daß Schwierigkeiten übergangen würden und nicht auch dann noch sichtbar blieben, wenn sie durch geschickte Wendungen stets zu einem Desiderat der Forschung erhoben und abgeschoben sind. All die geistreichen Motti, die Sedlmayr über einzelne Abschnitte zu setzen pflegt, wirken wie schützend vors Gesicht erhobene Unterärmchen. Die Masse der Zitate, die aus verschiedenen, sachfernen Bereichen herangetragen werden, ergeben einen Text von nicht minder »interessanter« Art als zusammengesetzte Bilder Picassos und weisen – als herbeigerufene Hilfstruppen – auf das zagende Vertrauen in die Stringenz des eigenen Wortes; dieses ist zudem ständig durch Gänsefüßchen wie entmachtet, rettungsbedürftig und verlegen gegen einen eindeutigen Sinn. Daß der Gedankengang zuweilen in ein Frage-und-Antwort-Spiel aufgelöst ist, erinnert an die Not von Parteikatechismen. Der wiederholte Hinweis, diese oder jene Konsequenz ergebe sich »notwendig« aus diesem oder jenem Tatbestand, offenbart die Unsicherheit ebenso wie derjenige, es gehe darum, die eigene Zeit zu »durchschauen«, oder wie das Bedürfnis, darauf aufmerksam zu machen, es gelte, einen »sachlichen« Blick zu behalten. Und das Lebensbestimmende selbst: Gott, bleibt vage, wo es nur umschrieben wird, so als sei es ein leeres Wort und als beschränke seine Nennung.

In solchen stilistischen Merkmalen ist am Gegenpol doch der gleiche Zweifel, die gleiche Labilität unserer Zeit erkennbar, die es auch in der Kunst nicht zu identischen, harmonischen Formen kommen läßt. Alle Bekenntnisse »zum Schönen zusammen mit dem Wahren und dem Guten«, nach der »wahren Ordnung« sind, indem sie sich aus objektiven Gründen unmittelbarer Darstellung entziehen, durch die Brüchigkeit und den gezwungenen Zusammenhalt des Stiles aus dem Bereich des Möglichen gerückt. Solche Unmöglichkeit an einem Text, der sich stets am greifbaren Ganzen festklammert, wahrzunehmen, vermittelt einen Einblick in die innere Situation eines Konservativismus, der doch immer ein Produkt des Bodens bleibt, den er verneint. Tiefer jedoch als die meisten ihrer wendigen Verteidiger ist Sedlmayr der modernen Kunst und ihren authentischen Absichten verbunden in dem, was all seine Analysen, seien es die des Surrealismus, der Stilgeschichte, oder seien es die der Kunst im Banne des technischen Zeitalters, antreibt: in dem Leid am Bestehenden. Wenn auch die Kritik an der eigenen Zeit nicht mehr so entsagungsvoll und riskant zu sein braucht, wie Sedlmayr meint, so erfordert sie doch eine Anstrengung, die selten noch aufgebracht wird und die als ein »Zeichen von Größe« gelten darf.

Wie in moderner Kunst wird auch in Sedlmayrs Leiden »die Störung der Ordnung anerkannt«, und jede ernsthafte Beschäftigung mit dem Verhältnis von Kunst und Gesellschaft hat ihren gültigen Ansporn in der Erkenntnis, daß die Welt anders sein könnte und sein sollte, als sie es ist. Bekannt und umstritten dagegen bleibt Sedlmayrs Diagnose, der Mensch sei ein Wesen, das von Natur auf eine Mitte hin bezogen ist, auf Gott, ohne welche Beziehung er sich selbst und die Welt verliert. Frei werde der Mensch erst in der bewußten Bindung an ein Überzeitliches, während er, wo er sich autonom setzt und damit seinen Anteil am Ewigen preisgibt, die wahren Relationen zu seiner Umwelt, zur Natur und zur Kunst in eine Abhängigkeit von der Unnatur und dem Unmenschlichen pervertiere. In dem Bemühen, den Sündenfall in die Verantwortlichkeit des Menschen zurückzuholen und ihn als historisches Geschehen zu datieren und zu beschreiben, bleibt doch der Zusammenhang von Immanenz und Transzendenz ganz unklar, zumal wenn Sedlmayr bei der Suche nach geschichtlichen Heilsepochen schließlich bei der frühbyzantinischen Gesellschaft landet – in diametralem Gegensatz zu einer humanistischen Tradition, die ihr Muster in der griechischen Demokratie und allenfalls in der christlichen Urgemeinde fand.

Sedlmayrs Zeit- und Kunstkritik stagniert, so scheint es uns, wo sie die menschliche Geschichte als ein je schon Vollendetes und das menschliche Wesen als ein je schon Gefundenes voraussetzt. Dennoch wird jeder, der Sedlmayrs Schriften unvoreingenommen liest, und jeder, der bei ihm gelernt hat, sich zwar abwenden können, jedoch nicht ungestraft das geistige Niveau preisgeben, von dem aus Sedlmayr sehen, fragen und begreifen gelehrt hat. Schon deshalb verdienen Sedlmayrs Arbeiten Beachtung, weil es heute selten geschieht, daß dem Laien ein kunsthistorisches Buch in die Hände kommt, in dem nicht glanzvolle Abbildungen, sondern der Text die Aufmerksamkeit auf sich zieht. Es scheint, als habe die Reproduzierbarkeit der Kunstwerke bei ihren wissenschaftlichen Sachverwaltern ein Alibi für die anstrengende Rechtfertigung der Kunst in der Gegenwart geschaffen, als befreie sie das Denken vom höchsten Anspruch. Hans Sedlmayr – ein geistiger Nachfahre der Riegl und Dvořák – zeigt ein weiteres Mal, was der Kunstgeschichte in einer Welt, die gewohnt ist, von der Kunst Zerstreuung zu erwarten, zu leisten aufgegeben ist.

# »Geistige Dauerheizung«
# Die Biographie

Das anhaltende Interesse an der Wissenschaftsgeschichte ist wohl auch eine Folge nachlassender Wissenschaftsgläubigkeit. Der Blick auf die geschichtlichen, persönlichen und materiellen Bedingungen wissenschaftlicher Institutionen und Leistungen relativiert deren Autorität und Unverrückbarkeit.

Mit dem Namen Warburg ist für die Geisteswissenschaften ein höchster Forschungsstandard verbunden. Die in Hamburg aufgebaute, 1933 nach London ausgelagerte Bibliothek bietet einen Rahmen für Spitzenforschungen, die ihr Niveau unabhängig von gängigen Moden behauptet haben. Immer ist das Institut auch getragen gewesen von der Aura seines Gründers, des Hamburger Bankierssohnes Aby Warburg, der als Kunsthistoriker mit überfachlichen Ansprüchen und mit Hilfe einer großherzigen Familienbank die Bibliothek aufgebaut, ausgestattet und ihr die wegweisenden Aufgaben und Themen gestellt hatte. Die Toposforschung der Literaturwissenschaften, die Ikonologie der Kunsthistorie, die Erforschung der Herrschaftszeichen in der Geschichtswissenschaft und die Philosophie der symbolischen Formen haben sich im Umfeld dieser Bibliothek entwickelt.

Die maßgebende Biographie über Aby Warburg aus der Feder von Ernst H. Gombrich, der von 1959 bis 1976 selbst Direktor des Instituts gewesen ist, liegt jetzt auch in einer ansprechenden deutschen Ausgabe vor. Es ist keine Heldenbiographie, sondern eine »intellektuelle Biographie« geworden.

Warburg aus dem Zusammenhang der Geistesgeschichte zu sehen, hat von seinen Schriften her nicht ohne weiteres nahegelegen. Er hat wenig, kein großes Buch, keine theoretischen Programme veröffentlicht. Die kleinen Aufsätze, oft Gelegenheitsarbeiten, die an entlegener Stelle publiziert wurden, sind wie geschliffene Kristalle, streng, hermetisch dicht, oft mit Neologismen durchsetzt, die nur selten ausdrücklich über den historischen Sachverhalt hinausweisen. Der alleinige Hintergrund der Schriften scheint aus philologischer Akribie, ausgedehnter Archivarbeit, historischer Detailermittlung und kunstgeschichtlicher Traditionsaufarbeitung zu bestehen, die zudem durch eine unerschöpfliche Bibliothek und einen kompetenten Mitarbeiterstab abgesichert sind.

Gombrich hat den immensen Nachlaß Warburgs durchgearbeitet und aus ihm zutage gefördert, was in Warburgs Schriften allenfalls zwischen den Zeilen und aus einzelnen Aperçus aufschimmert: Im Vorfeld der ausgedrechselten, hochspezialisierten wissenschaftlichen Musterarbeiten hat sich ein qualvoller, mühsamer Kampf mit kulturtheoretischen, philosophischen oder psychologischen Vorgaben und Einflüssen abgespielt. So wenig Warburg veröffenlicht hat, so unablässig hat er geschrieben, Tagebücher, Briefe, Abertausende von Zetteln mit Entwürfen, Formeln, Schemen, Exzerpten, Einfällen, Anregungen und Plänen. Es erschließt sich ein Gelehrtendasein im Widerstreit zwischen expansiver theoretischer Phantasie und fachwissenschaftlicher Detailgenauigkeit, zwischen beunruhigter Genialität und wissenschaftlicher Norm, die nicht fassen kann, was jene wissen will.

Warburg suchte in seinen Notizen nicht nur persönliche Ängste zu bewältigen, sondern auch einen unbegrenzten Wissensanspruch. All die Welträtsel und Problemlösungen, die Umwege und Abwege, welche die zeitgenössische Philosophie, Biologie, Soziologie und Mythenforschung, aber auch die zeitgenössische Politik des Weltkrieges und der Massenagitation anboten, versucht er in sein Fachgebiet hineinzutragen. Obwohl dies die facheigenen Materialien aufgerührt und erweitert sowie methodische Anstöße erbracht hat, läßt Gombrich kaum einen Zweifel daran, daß das fruchtbarste Hauptergebnis dieses rastlosen Ordnungswillens die universal angelegte Kulturwissenschaftliche Bibliothek gewesen ist. Warburg wünschte sie sich als eine »geistige Dauerheizung«, als ein Instrument rationaler Aufklärung in einer bedrohten Welt, die ihm letztlich auch durch Wissenschaft noch heilbar schien.

In seinem Vorwort zur deutschen Ausgabe vermutet Gombrich in dem neuerlichen Interesse, das im deutschen Sprachgebiet an Warburg bemerkbar ist, ein Bedürfnis nach neuen methodischen, gar dogmatisierbaren Umsturzrezepten. Es bleibt zu hoffen, daß er sich durch seine Einwände, die Warburg Werte- und Traditionsfestigkeit bescheinigen, nicht um eine Hauptwirkung seines Buches bringt.

Es muß kein Zufall sein, daß eine weltberühmte wissenschaftliche Institution ihre Entstehungsgründe in persönlichen, historischen und intellektuellen Brüchen und Abgründen hat. Durch sie führt Gombrich den Leser sicher hindurch, durchaus in dem Sinne, den Warburg gelegentlich erwartet hat: »Ich mag mich nur von jemandem durch ein Inferno schleifen lassen, dem ich auch die Fähigkeit als Führer durchs Purgatorio zum Paradiso zutraue.«

# »Ich bin ein wissenschaftlicher Privatbankier.« – Die Bibliothek

Dem Begründer der Kulturwissenschaftlichen Bibliothek Warburg, Aby M. Warburg, war immer bewußt, daß seine erfolgreiche Arbeit auf geistigem Gebiet von der erfolgreichen Arbeit seiner drei Brüder auf finanzwirtschaftlichem Gebiet abhängig war. Selten sind Geist und Geld, intellektuelle und materielle Arbeit eine so fruchtbare Verbindung eingegangen wie in der Beziehung zwischen der Warburg-Bibliothek und der Warburg-Bank. »Ich bin gar nicht verblendet, im Gegentheil, ich bin eigentlich ein Narr, daß ich nicht mehr darauf bestehe, daß der Kapitalismus auch Denkarbeit auf breitester, nur ihm möglicher Basis, leisten kann«, so schrieb Aby Warburg an seinen Bruder Max am 30. Juni 1900.[1] In dieser Aussage ist eine wesentliche Eigenschaft der Warburgschen Forschung, die Universalität, die Überschreitung der Fachgrenzen, der unbegrenzte zeitliche und topographische Horizont, in Analogie gesetzt zu einem kapitalistischen Strukturprinzip, das ebenfalls universal angelegt ist. Auch Max Warburg hat eine Analogie gesehen, wenn er in seiner Ansprache zur Einweihung der K.B.W., wie sich die »Kulturwissenschaftliche Bibliothek Warburg« gerne abkürzte, »die Bibliothek mit einer Zweigstelle des Bankhauses M.M. Warburg, die sich kosmischen statt irdischen Aufgaben widmen wolle«, verglich.[2] Diese wechselseitige Einschätzung, die aus dem finanziellen geistiges Kapital schlagen möchte, rechtfertigt es, Warburgs Beziehungen zur Bank zu bedenken.

*1.*

Steht man vor dem Bibliotheksbau in der Hamburger Heilwigstraße, so hat man eine Fassade aus Klinkern vor sich, in der drei Fensterachsen von »vier gemauerten Pilastern«[3] eingefaßt sind, wie Warburg sie 1925 gefordert hatte. Aby Warburg wollte dem Gebäude gegen Ende der Bauarbeiten anstelle einer Edelputzfassade unbedingt eine Klinkerfassade vorgesetzt haben. Die »Pilaster« schreiben der von kleinteiligen Backsteinen zersplitterten Oberfläche eine klassische Figur ein, in der man eine Porticus, eine antikische Tempelfront, angedeutet finden kann. Hermann Hipp hat in dieser Figur einen dezenten Anklang an die international üblichen Vorbauten von Bankgebäuden gesehen.[4] Eine solche Erinnerung an die eigentliche materielle Trägerschaft der Bibliothek erhält in einem anderen Detail eine Ergänzung: In die Wangen des Treppengeländes sind oben auf dem letzten Podest vor der Eingangstür beiderseits Eisengitter eingelassen, die keinerlei Funktion haben und die mit ihren gerollten Akanthusmustern auf eine klassizistische Herkunft aus dem 19. Jahrhundert hinweisen. Tatsächlich handelt es sich, wie ebenfalls Hermann Hipp herausgefunden hat, um »Spolien« aus der Fassade des Hauses der Großmutter Sara in der Rothenbaumchaussee, die seinerzeit Alleininhaberin der Bank gewesen war.[5] So wäre dem Hinweis auf die Bank in der Pilasterfolge der Hinweis auf die Familie beigesellt – und somit die beiden unabdingbaren Lebensadern der Bibliothek sichtbar gemacht. Ein anderes Element, welches das Gebäude außen auszeichnet, die wuchtigen Eisenleuchter auf der Freitreppe, gehen nach einer brieflichen Mitteilung Abys vom 21.10.1925 auf einen Wunsch von Felix Warburg zurück, der vielleicht von entsprechenden Anlagen in Amerika angeregt worden war.[6]

Praktische und technische Erfahrungen aus dem Bankwesen durchziehen das ganze Gebäude auch im Innern und die Arbeitsvorgänge darin. Nicht nur war die Bank über ihre Tochterfirma, die Allgemeine Verwaltungsgesellschaft, welche, wie Aby Warburg »sehr dankbar« schrieb, »die technische Ausführung des Baues gutachtlich und pekuniär kontrolliert«,[7] unmittelbar am Bau engagiert, sondern sie sorgte sich auch um die Ausstattung des Gebäudes. Als einziges originales Möbelstück hat sich bis heute in dem Gebäude ein eindrucksvoller, gewaltiger Tresor erhalten, den die Bank dem Haus überlassen hatte. In ihm wurden wertvolle eigene und ausgeliehene Bücher aufbewahrt. Wie der Tresor, so weisen auch andere technische Einrichtungen darauf hin, daß die Bank bei der Ausstattung der Bibliothek Pate gestanden hat. Von einem älteren Aufzug ist die Rede, den die Bank abgegeben habe,[8] während zugleich von Aby gelobt wird, »wie vortrefflich der K.B.W. die famosen Möbel vom Kösterberg« – dem Anwesen der Warburgs in Blankenese – »zu Gesicht stehen«.[9] In diesem Ambiente hat Warburg seine reiche Korrespondenz, so wie es in der Bank üblich war, in Kopierbücher übertragen und aufbewahrt.

Die Bibliothek war mit all ihren Förderbändern, Aufzügen und Rohrpostanlagen technisch so ausgestattet, wie dies eher Bankbetrieben entsprach. In den etwa zwanzig Zimmern des Gebäudes waren achtundzwanzig Telephone installiert, »davon die Hälfte«, so heißt es im Projektplan des Architekten, »mit direktem Postanschluß. Vollautomatische Anlage. Automat im Keller, Anruf von jeder Stelle nach jeder Stelle ohne Verbindung möglich«.[10] Die Bank hatte 1889 das erste Telephon angeschafft, nachdem dasselbe 1881 in Hamburg eingeführt worden war. Das Telephon diente nicht nur als Kommunikationsmittel nach außen, sondern auch zu einem solchen nach innen: In dem Krisenjahr 1923 war in der Bank die Zahl der Beschäftigten von 505 auf nur 358 zurückgegangen; zum Ausgleich »wurden Büromaschinen aller Art angeschafft und die Angestellten aufgefordert, sich zur Kommunikation mehr des Haustelephons zu bedienen«.[11] Die Erfahrungen mit dem Telephon als Mittel einer kommunikativen Verdichtung im Hause hat man sich für die K.B.W. offensichtlich zunutze gemacht. Die allenthalben verfügbaren Telephone in der K.B.W., die jedermann ansprechbar und erreichbar machten, waren Bestandteile jener »geistigen Dauerheizung«, als die Aby Warburg sich den wissenschaftlichen Austausch in seiner Bibliothek gerne vorgestellt hat. Er hatte also gute Gründe, seinen Brüdern aus dem Bankgeschäft »in innerster Dankbarkeit verbunden« zu sein »für den moralischen und sachlichen Kredit, den Ihr meiner Idee geschenkt habt«.[12]

*2.*

Es ist allgemein bekannt, daß die Bank in guten und schlechten Zeiten die Bibliothek und ihre Arbeit finanziert hat. Die 60000 Bände, welche die Bibliothek 1933 beherbergte, waren allesamt von der Bank bezahlt worden. Über die konkreten Summen, die dabei zum Einsatz kamen, ist wenig bekannt geworden, und sie wären auch für unsere Fragestellung unerheblich. Es muß auch festgestellt werden, daß die geldlichen Transaktionen sich aus einem ganz unkapitalistischen, fast archaischen Motiv ergaben: aus einer familiären Bindung. Nichts rechtfertigt es, wie es üblich geworden ist, den Gründungsakt der Beziehung zwischen Buch und Bank als »Legende« oder als »Anekdote« zu bezeichnen: die Erzählung über jenen Augenblick, in dem der dreizehnjährige Aby seinem zwölfjährigen Bruder Max das Erstgeburtsrecht an der Bank für das Versprechen übertragen hat, ihm jede benötigte Buchanschaffung zu bezahlen. Max Warburg hat diese Vereinbarung in der Gedächtnisfeier zum Tode von

Aby erstmals öffentlich gemacht und sie später auch in seinen »Aufzeichnungen« wiederholt;[13] es gibt keinen Grund, an der Wahrheit seiner Aussage zu zweifeln. Auch die Mitteilung von Ingrid Warburg Spinelli, es sei in jüdischen Familien üblich gewesen, einem Sohn einen geistlichen oder geistigen Beruf zu ermöglichen, normalisiert nicht jene feierliche Beschwörung eines gegenseitigen Rollentausches.[14]

Eigenartig und charakteristisch ist, daß die geldlichen Zuwendungen für die wissenschaftliche Arbeit Abys und seiner Bibliothek offenbar nie eine institutionalisierte Form gewonnen haben. Das von Warburgs Lehrer Karl Lamprecht 1909 gegründete Institut für Kultur- und Universalgeschichte in Leipzig oder auch das Institut für Sozialforschungen in Frankfurt waren Stiftungen. Eine Stiftung hätte der Bibliothek eine reguläre finanzielle Basis gegeben. Es gab wohl für die K.B.W. eine grobe Budgetierung – so hat Aby Warburg etwa am 20.11.1910 für seine »kleine Bibliothek mit begrenztem Interessenkreis jährlich mindestens ca. 10000 Mark für Neuanschaffungen 2000 für Einband« geltend gemacht.[15] Aber grundsätzlich wurde der Finanzbedarf der Bibliothek offen gehalten; er war alle Jahre neu zu verhandeln. Nach einer brieflichen Mitteilung von Gertrud Bing betrug »das letzte Budget vor des Professors Tode 340000 Mark«; 1931 reduzierten sich die Zuwendungen bereits auf 160000 Mark.[16]

Es gab feststehende Hilfeleistungen der Bank, indem sie etwa das Personal der Bibliothek als ihre Angestellten führte oder indem sie die Masse der Rechnungen aus der Bibliothek abwickelte. Was aber über die festen Kosten hinausging, vor allem der für den Bucherwerb verfügbare Etat, war jedes Jahr wieder auszuhandeln. Es gibt keine Anzeichen dafür, daß sich Aby gegenüber seinem Bruder unter einem Begründungszwang fühlte oder daß von dem Bruder ein solcher Zwang ausgeübt worden wäre. Vielmehr muß man sich die Leistungen der Bank als das Ergebnis eines diskursiven Austausches, einer geistigen Argumentation vorstellen. Es mag schon sein, daß Max Warburg sein kindliches Versprechen später, wie er sagte, als der teuerste Blankoscheck vorgekommen ist, den er je ausgestellt habe, und es mögen auch Aby oft die allfälligen Verhandlungen nicht leicht gefallen sein, doch zu einem ernsthaften Problem hat sich die Finanzierung der Bibliothek, soweit wir bis heute wissen, niemals ausgewachsen. Gegenüber Ernst Robert Curtius äußert Warburg am 5. August 1929 stolz: »Nur durch ein Jahresbudget, das selbst für öffentliche Betriebe als unerhört hoch bezeichnet werden kann (die Zahl nenne ich Ihnen einmal mündlich) und dessen Erhöhung ich sogar jetzt von dem Kuratorium, in dem meine Brüder sitzen, noch um einen ganz wesentlichen Bruchteil – schweren Herzens, aber klaren Kopfes – verlangen muß, ist es möglich gewesen, zu einer relativ sinngemäßen Verwirklichung des Institutsgedankens: Einfluss der Antike, zu kommen«.[17] Der Vorteil der lebendigen Anteilnahme, des Austausches von Bedürfnissen und Verfügungsmöglichkeiten, welcher die Finanzierung als Resultat einer wechselseitigen Überzeugungsarbeit ansah, überwog in der Sicht der Brüder offenbar die Annehmlichkeit, die eine schematische Budgetierung geboten hätte. Lediglich als der Bau des Bibliotheksgebäudes, den offenbar die zwei amerikanischen Brüder, Paul und Felix, gegen die hiesige Inflation fast allein zu tragen hatten, das Vierfache der zu Anfang angesetzten 100000 Mark überschritt und Aby zusätzlich eine Klinkerfassade verlangte, ist es zu einem Murren unter den Brüdern gekommen.[18] Im allgemeinen aber hat man den Eindruck, daß die geldgebenden Brüder die Leistungen der kulturwissenschaftlichen Bibliothek als Frucht ihrer eigenen Arbeit und nicht als eine fremde Last empfunden haben. Ich deute die oft kommentierte Geste der empfangsbereiten Hände, die Aby seinen Brüdern in der Fotografie ihrer letzten gemeinsamen Sitzung entgegenhält, nicht als Bittstellergestus, sondern eher als einen Auffanggestus, der besagt, daß Aby die Erträge brüderlicher Geschäftstüchtigkeit einsammeln möchte, um sie in »Denkarbeit« zu verwandeln. Der Bruder Max, dem der hinter ihm stehende Felix an den Kragen faßt, hat Tafeln aus dem Bilderatlas, die Ernte der letzten wissenschaftlichen Anstrengungen von Aby, wie Gegengaben vor sich liegen.

*3.*

Für die Wissenschaftsgeschichte ist die Frage wichtig, ob die enge Vernetzung der Warburgschen Bibliothek mit dem Bankwesen der Familie sich irgendwie bei Aby Warburg in eine wissenschaftliche Programmatik und Thematik umgesetzt hat. Immer schon ist bemerkt worden, daß Warburg mit seinem Interesse für das Florenz des 15. Jahrhunderts, als dort die Kaufmannschaft mit neu entwickelten Geld- und Wirtschaftsmethoden ein neues Zeitalter einleitete, zugleich auf eine in Hamburg aktuelle wirtschaftliche Konstellation gestoßen ist. Es interessieren ihn die Kaufleute, die ihre internationalen Transaktionen mit Wagemut und in dem Bewußtsein tätigten, daß sie überlieferte religiöse und ethische Normen verlassen und verletzen. Ihre kulturellen Interessen, sei es an der fremdartigen Wirklichkeitsnähe niederländischer Andachtskunst oder sei es an der Pathetik antiker Kunst, befreiten sie von den Fesseln der Tradition und von Gewissensnöten wegen der Abbrüche, welche ihre kaufmännischen Aufbrüche zur Folge hatten. Der »moderne, auf die Beherrschung der Welt gerichtete Mensch«[19] der Renaissance bedurfte einer seelischen Hilfestellung für seine riskanten Verwicklungen in globalen Geschäftsbeziehungen. »Warburg interessiert die Sozialpsychologie einer aufstrebenden Schicht, die zur Eroberung neuer Kontinente den Bruch benötigte mit überlieferten Denk- und Machtstrukturen, an die sie innerlich und äußerlich noch gebunden war«.[20] Auch im Norden sieht Warburg den antiken Einfluß so wirksam werden, daß ihm ein »wesentlicher und eigenartiger Anteil an der Erzeugung des modernen, auf die Beherrschung der Welt gerichteten Menschen« zugetraut werden kann.[21] Dagegen konnte sich Warburgs ganze Spottlust über diejenigen ergießen, die »unter einfallendem Nordlicht die Dissonanzgefühle des ermüdeten Kulturmenschen in verständnisinniger ästhetischer Pose mitzuempfinden« vorgaben.[22] Warburg verfolgt die Auswirkungen internationaler künstlerischer Austauschbeziehungen, alle »aviatorischen« Kulturströmungen von Nord nach Süd, von oben nach unten, von damals und heute: Wie nordische Schwänke nach Warburg »in den demokratischeren und freieren Kreislauf des frühen italienischen Bilddruckes« einmündeten,[23] so konnten nach seinen Feststellungen Planetensymbole von Padua aus »auf ihrem Wanderzuge in deutschen Nachbildungen« an Häuserfassaden in Augsburg, Nürnberg oder Göttingen, aber auch in plattdeutschen Kalendern Station machen.[24]

Nimmt man alle Wechselbeziehungen, Anregungen und Hilfsmaßnahmen der Bank zusammen, könnte man leicht zu dem Schluß kommen, es habe sich um ein mäzenatisches Verhalten der geschäftstüchtigen Brüder gegenüber dem gelehrten, problematischen Bruder gehandelt. Diese Motivation spielt gewiß in dem Engagement für die Bibliothek eine Rolle, vor allem in den ersten Jahren des Exils in London, welche die Bibliothek und ihre Mitarbeiter ohne die Hilfe der Familie Warburg und ihrer Bank kaum überstanden hätten. Doch Max Warburg, der große Weltmann und Bankier, hat es doch auch etwas anders gesehen und am Ende von Abys Tätigkeit bekannt, daß diese »unserer ganzen Familie Bereicherung des Lebens gebracht und den Gesichtskreis eines jeden von uns auf eine vorher nie geahnte Weise erweitert hat«.[25] Im gleichen Sinne hat Max Warburg am Grabe seines Bruders gesagt: »Denn wie er mit Leib und Seele der Wissenschaft lebte und sich bewußt im Dienste der Wissenschaft aufrieb, war er als Senior, als ältester von fünf Brüdern, für uns alle der geistige Führer, ein Halt durch die Breite seines Wissens, die Tiefe seines Empfindens für alles, was menschlich ist. Wir sahen in ihm den Führer, unerbittlich gegen Kompromisse und Halbheiten, den Streiter, den Richter, mutig und streng, einen Freud und Leid mitempfindenden Freund. Es war beglückend für seine Familie, mit in den Bannkreis seiner Ideen gezogen zu werden. Seine Persönlichkeit ist so stark, daß sie in uns weiterleben wird, beispielgebend und anfeuernd jetzt noch mehr als bisher«.[26]

1 Zitat nach Hans-Michael Schäfer: *Die Kulturwissenschaftliche Bibliothek Warburg. Berliner Arbeiten zur Bibliothekswissenschaft Bd. XI*, Berlin 2003, S. 87.
2 Zitat nach Ron Chernow: *Die Warburgs. Odyssee einer Familie*, Berlin 1994, S. 334.
3 Aby Warburg am 14.10.1925 an Direktor Alexander, vgl. Tilmann von Stockhausen: *Die Kulturwissenschaftliche Bibliothek Warburg. Architektur, Einrichtung und Organisation*, Hamburg 1992, S. 167.
4 Hermann Hipp: *Freie und Hansestadt Hamburg. Geschichte, Kultur und Stadtbaukunst an Elbe und Alster*, Köln 1989, S. 395.
5 Hermann Hipp: »Strebende und tragende Kräfte – Die Fassade der K.B.W.«, in: Michael Diers (Hg.): *Porträt aus Büchern. Bibliothek Warburg und Warburg Institute*, Hamburg 1993, S. 52.
6 Vgl. von Stockhausen (Anm. 3), S. 144.
7 Aby Warburg an seine amerikanischen Brüder am 1.4.1925, vgl. von Stockhausen (Anm. 3), S. 155.

8 Chronik des Neubaus der K.B.W. von Gerhard Langmaack 11.1.1925–23.5.1926, Eintrag zum 2.9.1925, vgl. von Stockhausen (Anm. 3), S. 144.

9 Aby Warburg am 11.5.1926 an die amerikanischen Brüder, vgl. von Stockhausen (Anm. 3), S. 176.

10 Projektplan Gerhard Langmaacks, ohne Datum, vgl. von Stockhausen (Anm. 3), S. 141, und Kostenanschlag von Langmaack, ebd., S. 146.

11 Eckart Kleßmann: *M. M. Warburg & Co. Die Geschichte eines Bankhauses*, Hamburg 1999, S. 30 und S. 72.

12 Aby Warburg am 11.5.1926 an seine amerikanischen Brüder, vgl. von Stockhausen (Anm. 3), S. 174.

13 Max M. Warburg: »Rede, gehalten bei der Gedächtnis-Feier für Prof. Warburg am 5. Dezember 1929«, in: Stephan Füssel (Hg.): *Mnemosyne. Beiträge zum 50. Todestag von Aby M. Warburg*, Göttingen 1979, S. 25; Max M. Warburg: *Aus meinen Aufzeichnungen*, New York 1952, S. 6.

14 Ingrid Warburg Spinelli: *Die Dringlichkeit des Mitleids und die Einsamkeit, nein zu sagen. Lebenserinnerungen*, Hamburg 1990, S. 49.

15 Aby Warburg an Max Warburg, vgl. Schäfer (Anm. 1), S. 146. In einem Beschluß des Kuratoriums für die Bibliothek Warburg vom 21.8.1929 wird in Aussicht gestellt, innerhalb »eines von Jahr zu Jahr festzusetzenden Rahmens Geldmittel zur Verfügung zu stellen« (ebd., S. 274).

16 Vgl. hierzu Lucas Burkart: »Die Träumereien einiger kunstliebender Klosterbrüder …«. Zur Situation der Kulturwissenschaftlichen Bibliothek Warburg zwischen 1929 und 1933, in: *Zeitschrift für Kunstgeschichte 63* (2000), S. 89–119, hier S. 100.

17 Dieter Wuttke (Hg.): *Kosmopolis der Wissenschaft. E.R. Curtius und das Warburg Institute*, Baden-Baden 1989, S. 33.

18 Vgl. von Stockhausen (Anm. 3), S. 65.

19 Aby Warburg: »Lustschiff und Tauchboot in der mittelalterlichen Vorstellungswelt« (1913), in: Aby Warburg: *Gesammelte Schriften. Studienausgabe, Band I.1*, hg. von Horst Bredekamp u.a., Berlin 1998ff., S. 241–249, hier S. 249.

20 Martin Warnke: »Leidschatz der Menschheit wird humaner Besitz«, in: Werner Hofmann u.a. (Hg.): *Die Menschenrechte des Auges. Über Aby Warburg*, Frankfurt a.M. 1980, S. 132.

21 Aby Warburg: »Lustschiff und Tauchboot in der mittelalterlichen Vorstellungswelt« (1913), in: Warburg (Anm. 19), S. 249.

22 Aby Warburg: »Bildniskunst und Florentinisches Bürgertum« (1902), in: Warburg (Anm. 19), S. 89–126, hier S. 113.

23 Aby Warburg: »Austausch künstlerischer Kultur zwischen Norden und Süden im 15. Jahrhundert« (1905), in: Warburg (Anm. 19), S. 177–184, hier S. 182.

24 Aby Warburg: »Orientalisierende Astrologie« (1926), in: *Gesammelte Schriften, Band I.2*, S. 559–565, hier S. 563.

25 Max M. Warburg (Anm. 13), S. 6.

26 *Aby Warburg zum Gedächtnis. Worte zur Beisetzung von Professor Dr. Aby M. Warburg*, Darmstadt 1929, S. 1.

# Vier Stichworte – Das Denken

## *1. Ikonologie*[1]

»*Ikonologie*, früher der Etymologie gemäß die Nachweisung, Verzeichnung und Geschichte von Bildnissen ausgezeichneter Personen des Alterthums. [...] Neuerlich versteht man darunter die Kenntnis der Attribute, Embleme und Symbole, mit und unter welchen Götter, Heroen und mythologische Gegenstände des Alterthums wie insbesondere auch christliche Heilige und Begriffe dargestellt zu werden pflegen«.

Diese Definition in *Meyers Konversations-Lexikon* von 1876, in der eine Hilfswissenschaft zur Benennung und Identifizierung überlieferter Bildwerke beschrieben wird, bezeichnet ungefähr die Ausgangslage ikonologischer Forschung, bevor Warburg sie aufgriff. Vordergründig gesehen, geht es auch in dem Vortrag Warburgs um die Aufschlüsselung eines Bilderrätsels: »Die Wandbilderreihe im Palazzo Schifanoja zu Ferrara stellte die zwölf Monatsbilder dar, von denen uns seit ihrer Wiederaufdeckung unter der Tünche (1840) sieben zurückgewonnen sind. Jedes Monatsbild besteht aus drei parallel übereinander angeordneten Bildflächen mit selbständigem Bildraum und etwa halblebensgroßen Figuren. Auf deren oberster Fläche ziehen die olympischen Götter auf Triumphwagen einher, unten wird das irdische Treiben am Hofe des Herzogs Borso erzählt; man erblickt ihn, wie er sich in Staatsgeschäften betätigt oder zu fröhlicher Jagd auszieht; der mittlere Streifen gehört der astralen Götterwelt; darauf deutet schon das Tierkreiszeichen, das von je drei rätselhaften Gestalten umgeben, in der Mitte der Fläche erscheint. Die komplizierte und phantastische Symbolik dieser Figuren hat bisher jedem Erklärungsversuch widerstanden.« Nach Ausführungen über die Wanderwege griechischer astrologischer Vorstellungen teilt Warburg sein Ergebnis mit: »Als ich vor vier Jahren den arabischen Text des Abû Ma'schar in der deutschen Übersetzung las, [...] fielen mir plötzlich die so oft und seit vielen Jahren vergeblich befragten Rätselfiguren von Ferrara ein, und siehe da: eine nach der anderen enthüllte sich als *indischer Dekan* des Abû Ma'schar. Die erste Figur der mittleren Region auf dem Märzfresko mußte sich demaskieren: hier steht der schwarze zornige beobachtende aufrechte Mann in seinem gegürteten Gewand, dessen Strickgürtel er demonstrativ erfaßt hat. Damit läßt sich nun das ganze astrale System des mittleren Streifens eindeutig analysieren: Über die unterste Schicht des griechischen Fixsternhimmels hatte sich zunächst das ägyptisierende Schema des Dekankultes gelagert. Auf dieses setzte sich die Schicht indischer mythologischer Umformung ab, die sodann – wahrscheinlich durch persische Vermittlung – das arabische Milieu zu passieren hatte. Nachdem weiter durch die hebräische Übersetzung eine abermalige trübende Ablagerung stattgefunden hatte, mündete, durch französische Vermittlung in Pietro d'Abanos lateinischer Übersetzung des Abû Ma'schar, der griechische Fixsternhimmel in die monumentale Kosmologie der italienischen Frührenaissance ein, in der Gestalt eben jener 36 rätselhaften Figuren des mittleren Streifens aus den Fresken von Ferrara.«

Warburg versichert, daß ihm diese Bestandsanalyse und die Auflösung eines Bilderrätsels nicht ein »Selbstzweck« gewesen ist. Methodisch möchte er seinen Beitrag als ein Plädoyer für eine »Grenzerweiterung« aufgefaßt wissen: Die Kunstwissenschaft soll ihre Gegenstände interdisziplinär in den Kontext literarischer und geschichtlicher Überlieferung stellen und sie soll lernen, »die Werke freiester und angewandtester Kunst als gleichberechtigte Dokumente des Ausdrucks zu befragen.« Diese Ausweitung des Forschungsinteresses sieht alle Kulturerzeugnisse zwar als gleichberechtigt, nicht aber auch als gleichwertig an. Ein wesentliches Motiv für die Warburgsche Grenzerweiterung ist das Bedürfnis nach verbindlichen Wertbestimmungen gegenüber der überlieferten Tradition gewesen. Die geschichtlichen Bilderzeugnisse, die der Ikonologe in die Ahnenreihe eines großen Kunstwerks einreiht, sind damit nicht schon sanktioniert, sondern zuallererst einem Wertmaßstab ausgesetzt. Ebensowenig ist ein Produkt aus der Gebrauchssphäre, das ein Kunstwerk zum Vorbild nimmt, von diesem Ursprung her geweiht. Als Warburg das Wort erstmals öffentlich benutzte, sprach er von einer »*kritischen* Ikonologie«, der es zukomme, die »Entschälung des griechischen Urbildes« und ein »fortwährendes Wegräumen unberechenbarer Schichten« zu leisten. Ikonologie ist also nach diesem Verständnis eine Art textkritisches Verfahren, das authentische Positionen, die durch eine interessierte Überlieferung verdeckt und verfälscht wurden, freilegt. Warburg läßt keinen Zweifel daran, daß alle die Schichten, die sich über die ursprüngliche griechische Astrologie auf ihrer Wanderung durch die Zeiten und Räume gelegt haben, rückschrittliche Umbiegungen darstellen: Obwohl es der strengen griechischen Naturwissenschaft bereits gelungen war, »die aufgeregten Geschöpfe religiöser Phantasie zu dienstuenden mathematischen Punkten zu vergeistigen«, entwickelte sich eine »rückläufige Tendenz zu eigentlich polytheistischen Neubildungen«, die dann »zum fatalen Gemeingut Europas« werden sollten: »Durch solche pseudomathematische Trugschlüssigkeit wurden die Menschen jahrhundertelang im Banne gehalten bis auf den heutigen Tag.« Die Ikonologie hat danach die Aufgabe, diese Bann-Zusammenhänge aufzubrechen, indem sie deren geschichtliche Genesis aufdeckt und indem sie ihnen diejenigen Leistungen gegenüberstellt, in denen mit »bewußter Auseinandersetzungsenergie« das fatale Gemeingut bereits kritisch aufgearbeitet wurde. So sieht Warburg, daß in den ferraresischen Fresken Francesco Cossas »packender Wirklichkeitssinn das unkünstlerische Element des literarischen Einschlags überwindet«, wogegen die literarische Absicht »um so klarer bei *den* Monatsbildern im Palazzo Schifanoja hervortritt, wo die schwächere künstlerische Persönlichkeit das trockene Programm nicht durch Belebung zu überwinden vermag«. Wie Cossa hat auch Botticelli seine Venus erst »befreien müssen aus mittelalterlichem Realismus banaler Genrekunst ›alla francese‹, illustrativer Hörigkeit und astrologischer Praktik«.

In dieser Perspektive gewinnt für Warburg der italienische Renaissancestil seine weltgeschichtliche Funktion: »Der neue große Stil, den uns das künstlerische Genie Italiens beschert hat, wurzelte in dem sozialen Willen zur Entschälung griechischer Humanität aus mittelalterlicher, orientalisch-lateinischer ›Praktik‹. Mit diesem Willen zur Restitution der Antike begann ›der gute Europäer‹ seinen Kampf um Aufklärung in jenem Zeitalter internationaler Bildwanderung, das wir – etwas allzu mystisch – die Epoche der Renaissance nennen«.

Da die Ikonologie für Warburg nur eines der kunstwissenschaftlichen Mittel war, mit dessen Hilfe er sein Aufklärungsziel fördern wollte, hat sie sich ihm nicht zu einer Methode verselbständigt, wie dies in seiner Nachfolge dann geschehen ist. In der Form, in der diese Methode heute weltweit gebräuchlich geworden ist, erhalten gewöhnlich die bildlichen Glieder einer Traditionskette durch ihre Abkunft von einem Urbild oder ihre Vorläuferrolle für ein Vorbild die Weihe und durch die »Kontamination« ihrer Abweichungen mit dem jeweiligen Zeitgeist eine Rechtfertigung. So imponierend und reichhaltig die Ergebnisse ikonologischer Forschung sich inzwischen entwickelt haben, so sehr haben sie sich oft von dem Urbild der Ikonologie, wie es Warburg entworfen hatte, entfernt.

### 2. *Pathosformel*[2]

Mit dem Begriff der »Pathosformel«, den Warburg erstmals 1905 verwendete, ist einer der wichtigen Anstöße bezeichnet, die den Geisteswissenschaften neue Perspektiven eröffnet haben. Die »Toposforschung«, die Ernst Robert Curtius für die Literaturwissenschaft entwickelt hat; die Bedeutungs- und Wirkungsgeschichte von »Herrschaftszeichen«, wie sie Percy Ernst Schramm in der Geschichtswissenschaft verfolgt hat; die Archetypen-Lehre, die C.G. Jung auch anhand des Bildmaterials der Kunstgeschichte aufgebaut hat; manche Aspekte in der *Philosophie der symbolischen Formen* Ernst Cassirers; nicht zuletzt aber eine fast zu einer eigenen Disziplin gediehene, auch in der Germanistik aufgenommene ikonographische Forschungsaktivität: sie alle berufen sich ausdrücklich oder unausdrücklich auf den programmatischen Gehalt jenes Warburgschen Begriffs, den Warburg allerdings nirgends theoretisch entwickelt hat. In der breit gefächerten Wirkung des Begriffs ist dieser selbst zu einer Formel geronnen, die nur noch Reste des Bedeutungsumfanges übermittelt, den Warburg ihm zugedacht hatte.

1912 hat Warburg im Rückblick eine eher pragmatische Einschätzung seiner Entdeckung gegeben: »Vor etwa 24 Jahren war es mir in Florenz aufgegangen, daß der Einfluß der Antike auf die weltliche Malerei des Quattrocento – besonders bei Botticelli und Filippino Lippi – heraustrat in einer Umstilisierung der Menschenerscheinung durch gesteigerte Beweglichkeit des Körpers und der Gewandung nach Vorbildern der antiken bildenden Kunst und der Poesie. Später sah ich, daß echt antike Superlative der Gebärdensprache ebenso Pollaiuolos Muskelrhetorik stilisierten, und vor allem, daß selbst die heidnische Fabelwelt des jungen Dürer (vom ›Tod des Orpheus‹ bis zur ›großen Eifersucht‹) die dramatische Wucht ihres Ausdrucks solchen nachlebenden, im Grunde echt griechischen ›Pathosformeln‹ verdankt, die ihm Oberitalien vermittelte«.

Erwin Panofsky gibt in seinem Nachruf auf Aby Warburg 1929 dem gleichen Forschungsprozeß eine vertiefte Bedeutung: »In der Einleitung zu seiner Doktordissertation bezeichnete es der damals Fünfundzwanzigjährige als seine Absicht, durch einen Vergleich zwischen dem Schaffen eines großen Quattrocentomalers und den literarischen Äußerungen seiner Zeitgenossen den Nachweis zu führen, daß die italienische Frührenaissance antike Vorbilder zu Hilfe rief, wenn es ›sich um die Darstellung äußerlich bewegten Beiwerks – der Gewandung und der Haare – handelte‹; aber am Abschluß dieser Arbeit läßt sich aus einigen wie zufällig hingeworfenen Äußerungen erkennen, daß Warburg in diesem ›bewegten Beiwerk‹ schon damals den symbolischen Ausdruck ›leidenschaftlicher Erregung‹ ahnte. Damit ist beinahe alles vorgezeichnet, was für Warburgs Lebensarbeit in einem schicksalhaften Sinn bestimmend werden sollte: [...] der Wille (oder besser der Zwang), die Geschichte der menschlichen Kultur als eine Geschichte der menschlichen Leidenschaften zu sehen, die sich in ihrer grauenvollen Einfachheit – Habenwollen, Gebenwollen, Tötenwollen, Sterbenwollen – in einer von der Zivilisation nur scheinbar überdeckten Daseinsschicht beständig gleichbleiben, und die der formverleihende Geist – gerade deswegen – in immer neuen Kulturgebilden zugleich offenbaren und bändigen muß.« Diese später üblich gewordene ontologische Vertiefung der Warburgschen Absichten findet wenigstens in den von diesem zur Veröffentlichung freigegebenen Schriften kaum einen Rückhalt. Eher trifft die historische Funktionsbestimmung zu, wie sie Werner Kaegi für Warburgs Pathosformel 1933 umschreibt: »Bevor man in der Antike die Ruhe verkörpert sah, hatte man in ihr die Unruhe gesucht: Energiesymbole der Tat und des Kampfes, Ausdrucksformeln für lebhafte Bewegung körperlicher und seelischer Kräfte. Der kämpfende Herkules, Venus mit dem flatternden Haar, Fortuna, die dem Wind das geblähte Segel hinhält: all dies waren Pathosformeln, Sprengmittel gegen die eingeschlafene Feierlichkeit der spätmittelalterlichen Form. […] Daß aber in Griechenland zuerst jene hohen Sinnbilder der gebändigten Urkräfte geprägt worden sind, das schien ihm die entscheidende Stellung der Antike für die gesamte europäische Geschichte zu begründen. Denn jene ersten Formen überwundener Dämonie waren nicht nur historische Erinnerungszeichen an die ersten Siege des europäischen Bewußtseins, sondern auch magisch wirksame Erregungsbilder, Pathosformeln, die verstummte Kräfte und eingeschlafene oder unterdrückte Energien zauberhaft jederzeit zu neuer Tätigkeit und zu neuem Ausdruck erwekken konnten«.

In der Tat bleibt der instrumentale Charakter der Pathosformel im Warburgschen Kontext bestimmend. Er kennt verschiedene Niveaus ihrer Verwendung: Wenn das Motiv des geschlagenen Orpheus auf Geräten wiederkehrt, etwa auf Tellern oder Plaketten, dann zeigt sich darin, »wie lebenskräftig sich dieselbe archäologisch getreue Pathosformel« in Künstlerkreisen »eingebürgert« hatte; neben dieser »modischen« Verwendung der Pathosformeln kennt Warburg auch bewegtes Beiwerk als vom Leben »abgeschnürte Dynamogramme«, im geläufigen Sinne eines »hohlen Pathos«; es prägt jeden »barocken« Formenapparat, so daß Dürer wie Rembrandt jeder Muskel- und

Gestenrhetorik Widerstand entgegensetzen. Die Funktion eines »Sprengmittels« erreicht die Pathosformel für Warburg nur dort, wo sie »energiegeladen« ist und wo sie »polarisierend« wirkt, indem sie auch ästhetisch die »echt antike Stimme« gegen erstarrte Formen und Normen ins Spiel bringt. Dies geschieht etwa in Polizians »Orfeo« oder in Dürers Orpheus-Stich, und als man 1488 in Rom eine kleine Nachbildung der Laokoongruppe fand, da bewunderten die Entdecker »in heller künstlerischer Begeisterung den packenden Ausdruck der leidenden Gestalten«, denn »es war das Volkslatein der pathetischen Gebärdensprache, das man international und überall da mit dem Herzen verstand, wo es galt, mittelalterliche Ausdruckfesseln zu sprengen«. So können die »Superlative der Gebärdensprache« unter dem »Banner der neuen welterobernden Pathosformel ›all' antica‹« die neuzeitliche Entdeckung der Welt und des Menschen vorantreiben helfen. In dieser Bestimmung der Pathosformel als eines der Mittel emphatischer Selbstbefreiung nimmt der Begriff künstlerische und politische Erfahrungen auf, wie sie um 1900, auch unter Nietzsches Einfluß, gegen das erstarrte System des Wilhelminischen Reiches mobilisiert worden waren.

### *3. Polarität und Ausgleich*[3]

»Gegensätze der Lebensanschauung, wenn sie, die einzelnen Mitglieder der Gesellschaft mit einseitiger Leidenschaft erfüllend, zum Kampfe auf Leben und Tod anstacheln, sind die Ursache des unaufhaltsamen gesellschaftlichen Verfalls und doch zugleich die zur höchsten Kulturblüte treibenden Kräfte, wenn ebendieselben Gegensätze innerhalb eines Individuums sich abschwächen, ausgleichen und, anstatt sich gegenseitig zu vernichten, sich wechselseitig befruchten und damit den ganzen Umfang der Persönlichkeit zu erweitern lernen. Auf diesem Grunde wächst die Kulturblüte der florentinischen Frührenaissance.« Diese grundsätzliche Äußerung von Warburg aus dem Jahre 1902 enthält die zeitgemäße Formulierung eines Programms historischer Sozialpsychologie. Seit der Französischen Revolution, seit Michelet, Burckhardt oder Hermann Grimm, lieferte die Renaissance den Spiegel zeitpolitischer Auseinandersetzungen und Bewußtseinslagen im 19. Jahrhundert. Über alle Wertungsfragen hinweg war man sich doch einig, daß in der Renaissance das moderne Individuum entstanden war, und daß man es mit einem »Riesengeschlecht« (Engels) zu tun hatte; mit einem Zeitalter der selbstbewußten Heroen, der skrupellos säkularisierten Macht.

Von den Grundelementen dieses Renaissancebildes geht auch Warburg aus, doch er glaubt den Renaissanceindividuen nicht mehr ihre homogene Ungebrochenheit. Diese erscheint ihm als das Ergebnis einer »ästhetizistischen« Historiographie. Seine eigenen Forschungen in Archiven und Sammlungen treibt Warburg immer so weit, bis sich ihm die Widersprüche, Inkonsequenzen und Probleme im Leben und Handeln der Protagonisten der Renaissance ergeben: Er sieht sie schwankend zwischen mittelalterlich-kirchlicher Frömmigkeit und erdnaher Rationalität, zwischen Verbandstreue und Individualitätsdrang, zwischen Esoterik und Völkstümlichkeit, zwischen Schicksalsgläubigkeit und Schicksalsbewältigung. So enthüllt die letztwillige Verfügung des Francesco Sassetti nach Warburg »den ›Mann der neuen Zeit‹ nicht ohne weiteres; im Gegenteil scheint das ›Mittelalter‹ [...] nicht nur in den religiösen Gefühlsgewohnheiten seiner ›Vita contemplativa‹ weiterzuleben, sondern sogar auch den Stil seiner ›Vita activa‹ entscheidend zu beeinflussen. [...] In dieser kritischsten Lebenslage, welche die unbedingte Anspannung aller Energien erheischt, projiziert also Francesco unwillkürlich nebeneinander die beiden entgegengesetzten Bildungsmächte seiner Wehrhaftigkeit; dem ghibellinischen Familienhäuptling, dessen Mannhaftigkeit triebhaft [...] in ritterlichem Standesgefühl und Familiensinn wurzelt, kommt der bewußte Wagemut der humanistisch gebildeten Individualität zur Hilfe.« Bei Tommaso Portinari sieht Warburg »hinter den äußerlich disziplinierten Gesichtszügen des diplomatischen Finanzmannes sich das waghalsige Temperament eines ehrgeizigen Kondottiere (verbergen), der seine kapitalistische Existenz nur allzugern dem unsicheren Schicksal seiner kriegführenden gekrönten Schuldner verknüpfte«. Angesichts der äußeren Erscheinung des Lorenzo Medici bedenkt Warburg »die Rätselhaftigkeit jenes durch ihn verkörperten Phänomens, daß einer der häßlichsten Menschen der geistige Mittelpunkt höchster künstlerischer Kultur und der bestrickendste, Willen und Herzen der Menschen nach seinem Gutdünken leitende Gewaltherrscher gewesen ist«.

Diese polare Grundstruktur prägt nun auch die künstlerischen Vorlieben und Dispositionen der Renaissanceindividuen. In Wachsfigurenbildnissen huldigen sie einer fetischistischen Kultusbildnerei, während sie sich zugleich in fortschrittlichster Manier Bildnisse mit einem »gesammelten Selbstbewußtsein« malen lassen. In ihren Gemächern häufen sie beliebig und nach Maßgabe des Materialwertes Geräte, Pokale und Teppiche und investieren zugleich in jene vergeistigten Gebilde, die Botticelli auf die Leinwand bringt. Diese »Schwingungsweite«, in der die gegensätzlichen Grundbedürfnisse des Zeitalters nicht voneinander isoliert, sondern immer wieder einander nahegeführt erscheinen, ist zugleich das Mittel, jene Widersprüche zu einem »Ausgleich« zu bringen. Das Kunstinteresse im Zeitalter des Lorenzo bedeutete »etwas ganz anderes als die Aufraffung ermüdeter Kulturmenschen zum Rundgange durch einen Kunstbazar, durch dessen überreiche Fülle passive Aufmerksamkeit zur Kauflust gereizt oder gar zum Ankauf hingerissen werden soll. Kunstschaffen und Kunstgenießen waren nur verschiedene Stadien in einem und demselben organischen Kreislauf, der mit stets sich erneuernder Spannkraft die Florentiner Frührenaissance immer wieder zu dem Versuche trieb, alle menschlichen Qualitäten als einheitliches Werkzeug dehnungsfreudiger Lebenskunst anzusehen und zu gebrauchen.« Die polaren Gegensätze herauszutreiben, bewußt einander zu konfrontieren, bedeutet die Fähigkeit zu entwickeln, sie produktiv, »energetisch« zu bewältigen: »So können wir die anscheinend unvereinbaren und bizarren Gegensätze zwischen der flandrischen Hirtentracht und der Imperatorengewandung, zwischen Gott und Fortuna, dem David mit der Schleuder und dem Kentaur, dem ›mitia fata mihi‹ und dem ›à mon pouvoir‹, dem Sterben des Heiligen und Meleagers Tod (in der Grabkapelle des Francesco Sassetti), zusammensehen und als organische Polarität der weiten Schwingungsfähigkeit eines gebildeten Frührenaissancemenschen begreifen, der im Zeitalter der Metamorphose des energetischen Selbstbewußtseins charaktervollen Ausgleich anstrebte«.

Methodisch und kunstheoretisch brach dieser Versuch Warburgs, »einseitig ästhetische Betrachtung historisch zu regulieren«, mit einer »Genieästhetik«, der das Kunstwerk als der ungebrochene Ausfluß eines Subjektes erscheint. Schon Burckhardt hatte gegen eine heroisierende »Künstlergeschichte« immer auch die »Präcedentien« und »Bedingtheiten« berücksichtigt sehen wollen. Während Wölfflin sie auf der Ebene der Form- und Sehgeschichte suchte, die er »ohne Namen« rekonstruieren konnte, ging Warburg den geschichtlichen Zusammenhängen nach, denen die Künstler ausgesetzt waren. Hinter dem »endgültigen Resultat des kunstbildenden Prozesses«, wie es im fertigen Kunstwerk vorliegt, suchte Warburg nicht nur den zum Ausdruck seiner selbst drängenden Künstler, sondern die gleich wirksamen Bedürfnisse und Interessen der Besteller und Adressaten. Das »Verhältnis zwischen Bildner und Abgebildeten« vermittelt das Modell eines Interessenausgleichs. In dem Versuch, »die idealen oder praktischen Anforderungen des wirklichen Lebens als ›Kausalitäten‹ zu erfassen«, möchte Warburg »das Publikum gleichsam durch einen Indizienbeweis der Mitarbeit« an dem Kunstwerk überführen. Das Kunstwerk, in dem polare Gegensätze zum »Ausgleich« kommen, dynamisiert, nicht stillgestellt werden, kann symbolisch Orientierungshilfe erarbeiten: In der »bisher nicht genügend gewürdigten Kunstgattung der angewandten Sinnbildnerei hatte die höfische Kultur ein Mittelglied zwischen Zeichen und Bild hervorgebracht, um das persönliche Seelenleben symbolisch zu illustrieren. Dabei griff die Frührenaissance charakteristisch ein durch die in Wort und Bild wiedererweckte Antike, der nun die Aufgabe zufiel, die individuelle Stellung des Einzelnen im Kampfe mit der Welt im heroischen Stil des heidnischen Altertums auszudrücken«.

Es muß heute festgestellt werden, daß weder die sozialpsychologische Problemstellung, in die Warburg den Menschen der Renaissance hineinrückte, noch auch die methodische Voraussetzung, die im Kunstwerk ein Ergebnis vorgängiger geschichtlicher Auseinandersetzungen sieht, wissenschaftsgeschichtlich wirksam geworden sind; im Unterschied zu anderen Anstößen, die von Warburg ausgegangen sind, ist der Auftrag zu einer problemorientierten kulturgeschichtlichen Kunstgeschichte unerledigt geblieben.

### *4. Schlagbilder und Bilderfahrzeuge*[4]

Die Mobilität von Bildern, der Austausch bildlicher Erfahrungen und Informationen über die Zeiten und Räume hinweg bildete ein Grundmotiv Warburgscher Forschungen. Warburg hat die Wandlungen und Verpuppungen antiker Planetengötter über den Orient bis nach Padua, Ferrara und Lüneburg verfolgt; die Wanderwege der antiken Pathosformeln bis in die Bewegungen zeitgenössischer Golfschlägerinnen verzeichnet und im Italien des Quattrocento die antiken Impulse sich kreuzen und auseinandersetzen sehen mit dem anderen Weltbild, das die flandrischen Importe, die Gemälde und jene »textile Fahrzeuge«, die Teppiche, transportierten. Wie nordische Schwänke nach Warburg »in den demokratischeren und freieren Kreislauf des frühen italienischen Bilddruckes« einmündeten, so konnten nach seinen Feststellungen Planetensymbole von Padua aus »auf ihrem Wanderzuge in deutschen Nachbildungen« an Häuserfassaden in Augsburg, Nürnberg oder Göttingen, aber auch in plattdeutschen Kalendern Station machen. In einem Spielzeugladen in Norwegen fand er den ikonographischen Schlüssel für italienische Stiche des »Hosenkampfes«. Warburg hat die abenteuerliche Geschichte von Memlings Gerichtstriptychon aufgeklärt, das von dem italienischen Handelsvertreter Angelo Tani in Brügge bestellt, auf dem Seewege nach Italien dann von dem hanseatischen Kapitän Paul Benecke erbeutet und als »Kleinod des Seeräubers« nach Danzig gebracht wurde. Als Sohn eines hanseatischen Bankhauses, das schon früh seine weltweiten Transaktionen mit Hilfe von Telegraph tätigte, konnte Warburg, der oft als Detailfanatiker hingestellt wird, es sich leisten, in einer Untersuchung über »Luftschiff und Tauchboot in der mittelalterlichen Vorstellungswelt« (1913) gleichsam aus aviatischer Höhe zu folgern: »Mir scheint es gar nicht so ›lögenhaft to vertellen‹, wenn man dem modernen Aviatiker, der das ›aktuelle‹ Problem des Motorkühlers studiert, verrät, daß sein geistiger Stammbaum über Karl den Kühnen, der mit feuchten Schwämmen die glühenden Füße seiner himmelstürmenden Greifen zu kühlen versuchte, in direkter Luftlinie hinaufreicht bis zum ›grand Alixandre‹«. Auch wissenschaftspolitisch hat Warburg diese Weltläufigkeit gepflegt, sich um die Organisation internationaler Kunsthistorikerkongresse bemüht, und den Münchener von 1909 mit den Worten eröffnet: »Wir haben das Vorrecht vor der Politik, daß wir Allianzen haben dürfen, ohne fürchten zu müssen, daß Hegemonien entstehen.«

Neben der Wanderung von Formen und Themen von Land zu Land, von Jahrtausend zu Jahrtausend, und neben dem vertikalen »Tauschverkehr der Formen« zwischen sozialen Unter- und Oberschichten, tritt für Warburg mehr und mehr das in den Vordergrund, was man heute das Medienproblem nennen würde. Der gewebte Teppich etwa, »den man heute nur noch als aristokratisches Fossil in Schausammlungen bewundert«, besaß »seinem ursprünglichen Charakter nach demokratischere Züge«. Denn der Teppich war »nicht wie das Fresko dauernd an die Wand gefesselt, sondern ein bewegliches Bildervehikel; dadurch wurde er in der Entwicklung der reproduzierenden Bildverbreiter gleichsam der Ahne der Druckkunst, deren wohlfeileres Erzeugnis, die bedruckte Papiertapete, die Stellung des Wandteppichs folgerichtig im bürgerlichen Hause völlig usurpiert hat«.

Mit dem Ersten Weltkrieg gewann diese mediengeschichtliche Perspektive für Warburg eine ganz andere Dimension. War die Entwicklung des Bild- und Pressewesens für Warburg bis dahin eine internationalisierende und auch demokratisierende Macht gewesen, so schlug sie 1914 um in ein Mittel chauvinistischer und verblendender

Propaganda. Durch die Herausgabe eines Deutsch-Italienischen Informationsblattes versucht Warburg dem Gang der Dinge entgegenzuarbeiten, und während des Krieges hat er den Apparat seiner Bibliothek auf die Verzettelung aller erreichbaren Kriegsnachrichten aus Presse und Propagandamaterial umgestellt. Das wissenschaftliche Resultat dieses Bewältigungsversuches ist eine Abhandlung über »Heidnischantike Weissagung in Wort und Bild zu Luthers Zeiten«, die er kurz vor seinem seelischen Zusammenbruch fertigstellte und 1919 der Heidelberger Akademie der Wissenschaft vorgelegt hat.

Der Aufsatz entwickelt aus dem geschichtlichen Ereigniszusammenhang ein medienpolitisches Interesse. Warburg verfolgt die Bemühungen, Luthers Geburtstag um ein Jahr, von 1483 auf 1484, zu verschieben, »denn dieses war ein Jahr des großen Zusammentreffens der Planeten, von dem seit Generationen im voraus berechnet, eine neue Epoche in der abendländischen religiösen Entwicklung eintreten sollte«. Während Luther selbst die »Geburtstags-Mythologiker« mit Spott bedenkt, erkennt doch seine Umgebung die Gefahr, die sich aus der Tatsache ergab, daß italienische Astrologen Luthers »Geburtsdatum willkürlich verändern, um damit mehr oder weniger feindselige Politik zu betreiben«. Sie setzten auf das »Nebenregiment der heidnischen Kosmologie«, das sich neben dem entwickelten Christentum behauptete. Das Bedürfnis nach »urtümlichem totemistischen Verknüpfungszwang« war noch so weit verbreitet, daß die antiken, menschengestaltigen Planeten »aus der kampfdurchtobten sozialen und politischen Gegenwart eine Bluterneuerung erfahren, die sie gewissermaßen zu politischen Augenblicksgöttern macht«. Die agitatorische »Bedeutung dieser Horoskope für die Politik« erkennend, greift auch Melanchthon als »astropolitischer Journalist« in die Kontroverse ein. Auch er beteiligt sich an den Manipulationen um Luthers Geburtsjahr mit Rücksicht auf die abergläubische Sternenfurcht, und auch er ist gezwungen, »die objektive Feststellungspflicht historischer Forschung der mythologischen Verursachung als relatives Element« unterzuordnen. Wie mancher Gelehrte im Ersten Weltkrieg, treten die Gelehrten in der Reformationszeit in den Dienst einer »Pressepolitik durch astrologische oder monstrologische Warnungsbilder«, die sie wissenschaftlich schon erledigt hatten. Notwendig war der Einsatz, weil die Druckerpresse eine »Massenliteratur« ermöglicht hatte, durch die jede persönliche oder lokale Abnormität mit Hilfe eines »Naturgreuel-Extrablattes« tagespolitisch verwertet werden konnte: Die Geburt einer abnormen Sau in Landser konnte ebenso genutzt werden wie die Weissagung einer Sintflut 1524 eine Panik erzeugen konnte, gegen die die Obrigkeiten »offiziöse Beruhigungsschriften« erlassen mußten. Die weit verbreiteten Ängste und Paniken setzten nach Warburg jene »Bildpressefeldzüge« und »leidenschaftliche Schlagbilderpolitik« in Gang, um sie politisch zu instrumentalisieren: »Die Furcht vor den wahrsagenden Naturwundern am Himmel und auf Erden, die ganz Europa teilte, wurde durch die Tagespresse in ihren Dienst genommen: War schon durch den Druck mit beweglichen Lettern der gelehrte Gedanke aviatisch geworden, so gewann jetzt durch die Bilderdruckkunst auch die bildliche Vorstellung, deren Sprache noch dazu international verständlich war, Schwingen, und zwischen Norden und Süden jagten nun diese aufregenden ominösen Sturmvögel hin und her, während jede Partei versuchte, diese ›Schlagbilder‹ (wie man sagen könnte) der kosmologischen Sensation in den Dienst ihrer Sache zu stellen«.

Warburg hat auch auf dem historisch abgerückten Feld das Terrain nicht fatalistisch den Agitatoren überlassen. Zwar ist er realistisch genug, um zu erkennen, daß durch die

»Holzschnittillustration als mächtiges neues Agitationsmittel« einer Versammlung von kuriosen Planetengöttern »eine stärkere göttliche Augenblicksgewalt innewohnte, als den Olympiern an der Decke der Villa Farnesina, die ungefähr um diese Zeit *Raphael* erscheinen ließ«. Dennoch bleiben ihm jene Illustrationen zwar eine »tiefreichendste Quelle völkerpsychologischer Einsicht«, nicht aber die verbindlichen und orientierenden Leistungen der Epoche. Im gleichen Medium wie die Pressepolitiker hat in der Reformationszeit Dürer etwa seine *Melencolia. I* zu einem »humanistischen Trostblatt wider die Saturnfürchtigkeit« gestaltet: »Der kosmische Konflikt klingt als Vorgang im Innern des Menschen selbst wieder. Die fratzenhaften Dämonen sind verschwunden, der finstere Trübsinn des Saturn ist humanistisch vergeistigt in menschliche Nachdenklichkeit. Die tief in sich versunkene geflügelte Melancholia sitzt, den Kopf auf die Linke gestützt, einen Zirkel in der Rechten, inmitten technischer und mathematischer Geräte und Symbole; vor ihr liegt eine Kugel ... Bei Dürer wird also der Saturndämon unschädlich gemacht durch denkende Eigentätigkeit der angestrahlten Kreatur; das Planetenkind versucht sich durch eigene kontemplative Tätigkeit dem mit der ›unedelst complex‹ drohenden Fluch des dämonischen Gestirns zu entziehen [...] So darf man die ›Melencolia‹ in Stoff und Form als Symbol der humanistischen Renaissance ansprechen. Sie wiederbeseelt eine antike Flußgott-Pose in hellenistischem Geiste, hinter dem aber das neue Ideal der befreienden, bewußten Energie des modernen Arbeitsmenschen aufdämmert«.

So wie Warburg Dürer den »Denkraum der Besonnenheit« inmitten einer bildüberfluteten, von Magie und Dämonie gebannten Zeit sichern sah, so sah er wohl auch sein »Laboratorium kulturwissenschaftlicher Bildgeschichte« beauftragt, die ominösen Sturmvögel aus Vergangenheit und Gegenwart zu bannen und zugleich in Bewegung zu halten.

1 Seit 1908 intensiver mit der Geschichte der Astrologie befaßt, trägt Warburg auf dem Internationalen Kunsthistorikerkongreß in Rom 1912 seine Deutung der Schifanoja-Fresken vor. Die methodische Tragweite wurde sogleich erkannt. Der Vortrag von 1912 gilt als die Geburtsstunde der modernen Ikonologie. In Rom war auch Erwin Panofsky unter den Hörern, der dann im Auftrag von Warburg gemeinsam mit Fritz Saxl 1923 das Buch über Dürers *Melencolia. I* als erstes ausgearbeitetes Beispiel des methodischen Neuansatzes vorlegen wird. Mit Warburgs Beitrag befaßt sich ausführlich William Heckscher: *The Genesis of Iconology* (1967), deutsch in: E. Kaemmerling (Hg.): *Ikonographie und Ikonologie*, Köln 1979, S. 112–164, wo auch andere grundlegende Beiträge zur Entwicklung der Methode zusammengestellt sind.

2 Der Sache nach schon in der Dissertation (1893) angelegt, taucht der Begriff selbst erst 1905 in einem an entlegener Stelle (Verhandlungen der 48. Versammlung deutscher Philologen und Schulmänner. Leipzig 1906) veröffentlichten Vortrag auf. Auf diese Stelle weist Warburg gelegentlich zurück, wenn er fortan den Begriff erwähnt, obwohl er auch dort nur beiläufig eingeführt ist. Eine erste theoretische Explikation hat der Begriff erfahren durch Fritz Saxl, doch nicht schon in dessen großem Grundsatzaufsatz über Warburg unter dem Titel »Rinascimento dell' Antichità« im Repertorium für Kunstwissenschaft 1922, sondern erst 1931 in dem vor der Deutschen Gesellschaft für Psychologie gehaltenen Vortrag über »Die Ausdrucksgebärden der bildenden Kunst«. Weitere Stationen der Nachwirkung bezeichnen: E.R. Curtius: *Antike Pathosformeln in der Literatur des Mittelalters* (Festschrift für Menendez Pidal. Madrid 1950) und Erwin Panofsky: *Renaissance and Renascences in Western Art.* Stockholm 1960 (deutsch: Frankfurt a.M. 1979).

3 Systematisch und ausdrücklich entfaltet Warburg die Psychologie des Renaissancemenschen zuerst in seiner Arbeit über *Bildniskunst und Florentinisches Bürgertum* (1902), die neben seiner Dissertation seine einzige selbständige Buchveröffentlichung geblieben ist. Nach eingehenden Archivstudien erscheint dann fünf Jahre später in der Festschrift für August Schmarsow der wichtige Beitrag über »Francesco Sassettis letztwillige Verfügung« (1907). Einige kleinere Arbeiten gingen diesen Veröffentlichungen voraus und markieren den Weg in Richtung auf eine kulturgeschichtlich

fundierte Kunstgeschichte: Die kurze Studie über Matteo Strozzi, einen florentiner Kaufmannsohn (1893), der Bericht über »Die Bilderchronik eines florentinischen Goldschmiedes« (1899), sowie das Vortragsresumée über »Flandrische und Florentiner Kunst im Kreise des Lorenzo Medici um 1480« (1901).

4 Biographisch ist für dieses Stichwort von Belang Warburgs leidenschaftliches Interesse für die Politik, in die sein Bruder Max Warburg auf höchster Ebene verwickelt war, sowie die mannigfach belegte Faszination durch die Fortschritte der Luftschiffahrt. Für den wissenschaftlichen Aspekt ist grundlegend der große Aufsatz über »Heidnisch-antike Weissagung in Wort und Bild zu Luthers Zeiten«, der im Jahrgang 1919 der Sitzungsberichte der Heidelberger Akademie der Wissenschaften erschienen ist. Mit der Astrologie war Warburg, unter dem Einfluß zunächst von Franz Boll, dann von Fritz Saxl, seit 1908 befaßt. Es ist möglich, daß sich das presse- und mediengeschichtliche Element der Arbeit erst während des Ersten Weltkrieges herausbildete, als Warburg, wohl auch von den politischen Ereignissen überwältigt, schon unter psychischen Anfällen litt, die sich bald nach dem Kriege so steigerten, daß er für fünf Jahre in die Kreuzlinger Anstalt von Dr. Binswanger gegeben werden mußte.

# Ein Versprengter Europäer
## *Sinn und Deutung in der bildenden Kunst*

Als Walter Benjamin für sein Buch über den Ursprung des deutschen Trauerspiels einen aufnahmefähigen Adressaten suchte, wandte er sich über Hofmannsthal an Erwin Panofsky, da dieses Mitglied des »Hamburger Kreises um Warburg«, bei dem er »am ehesten akademische und verständnisvolle Rezensenten« zu finden hoffte, jemand sei, »der wesentlichen Dingen, auch wenn sie nicht sein Fach in seiner ganzen Breite betreffen, Interesse entgegenbringt«. Panofsky hat auf das ihm von Hofmannsthal übersandte Melancholie-Kapitel sehr frostig reagiert. Doch muß er das bald darauf erschienene Buch dann nochmals zur Hand genommen haben, denn in seinem Beitrag für die Festschrift des Philosophen Ernst Cassirer (1936) zitiert er daraus.

Diese Episode aus dem Jahre 1928 zeigt einen fremden Namen in einem vertrauten Kontext: Hofmannsthal, Cassirer und Benjamin sind im deutschen Bildungshaushalt wohl vertraut, doch der Name Panofsky dürfte für viele noch fremdländisch klingen. Die Würdetitel, die ihm kurz vor seinem Tode (1968) in mehreren deutschen Universitätsstädten angehängt wurden, müssen ikonographisch mit dem Titel des einzigen neueren Buches von Panofsky, das auf den deutschen Markt gelangte, zusammengedacht werden: *Grabplastik* (1964). Einer gedruckten Gedenkrede auf seinen Tod folgt die Anmerkung: Die vorgesehene Gedenkfeier der Universität Hamburg »fand nicht statt«.

Mit Erwin Panofsky war 1933 auch die Elite der deutschen Kunstwissenschaft ins Ausland vertrieben worden, und dieser Exodus hat das Fach moralisch und wissenschaftlich so geschwächt, daß es nach 1945 nicht einmal mehr die Kraft aufbrachte, dem deutschen Publikum wenigstens die Veröffentlichungen oder methodischen Positionen der vertriebenen Kollegen nahezubringen. Im Foyer zur Dürer-Ausstellung in Nürnberg wurden 1971 allerlei abgestandene deutschsprachige Texte angeboten, die maßgebende Monographie aber, die Panofsky 1943 in Princeton herausgebracht und die 1955 schon die vierte Auflage erreicht hatte, war nur in einer italienischen Übersetzung zu haben. Daß eine der luzidesten Darstellungen einer Kunstepoche überhaupt, Panofskys *Early Netherlandish Painting* (1956), in dem Land, in dem die altniederländische Kunst einmal populär war, je übersetzt wird, darf man wohl nicht erwarten.[1] In Frankreich hat Pierre Bourdieu Panofskys Schrift über *Gothic Architecture and Scholasticism*, die er »als Applikation der strukturalen Methode« las – und die in Amerika 1971 ihre 14. Auflage erlebte –, mit einem Nachwort versehen. Es kennzeichnet unser Rezeptionsniveau, daß Bourdieus Nachwort umstandslos mit seiner »Soziologie der symbolischen Formen« verpackt und weiter verbreitet wurde, ohne daß der Bezugstext hierzulande je bekannt geworden wäre. Der steckengebliebene Anlauf, den der Hessling Verlag um 1960 mit frühen deutschsprachigen Aufsätzen Panofskys und mit der Studie *Idea* von 1924 genommen hatte, mag davor abgeschreckt haben, es weiter mit einem Kunstbuchtypus zu versuchen, der mehr Text als Abbildungen (und keine Farbabbildungen!) enthielt. Solange es dabei bleibt, daß von Kunst und ihren Interpreten eher dösige Zerstreuung und Verklärung als rationale Anstrengungen und Aufklärung erwartet wird, darf man von Panofskys Büchern prophezeien, was Dürer von den antiken Büchern sagte, daß sie »nachfolgend gar verloren und ob 1000 Jahren verborgen gewest«.

Diese traurige Bilanz erklärt, warum ein sensationeller Taschenbuch-Titel aus der Bücherproduktion des letzten Jahres so gut wie unbeachtet und unrezensiert geblieben ist – Erwin Panofsky: *Sinn und Deutung in der bildenden Kunst.*

Es handelt sich um eine Sammlung von Aufsätzen aus den Jahren 1921 bis 1953, die Panofsky selbst 1955 unter dem Titel *Meaning in the Visual Arts* zusammengestellt hatte. Wie die 1939 herausgebrachten *Studies in Iconology* war auch *Meaning in the Visual Arts* längst in alle Kultursprachen übersetzt. Man darf fragen, ob diese – vorzüglich edierte – Aufsatzsammlung den günstigsten Einstieg zu Panofsky bietet; doch wer genauer liest, wird die sehr heterogenen Themen nicht durch die Popularität der Gegenstände, sondern durch unkonventionelle Gedankenführung und die Entfaltung grundsätzlicher Deutungsansätze miteinander verbunden finden.

In Panofskys kunstwissenschaftliche Arbeit ist ein weites Spektrum von geistesgeschichtlichen Prämissen eingegangen: In der Frühzeit war es der Neukantianismus in all seinen Spielarten, vor allem aber derjenigen Ernst Cassirers; beiläufig auch Karl Mannheim und, vom Fach her, die Auseinandersetzung mit Wölfflins *Grundbegriffen* und Alois Riegls *Kunstwollen.* Von seinen Lehrern Goldschmidt und Vöge hatte Panofsky das Interesse an Form- und Stilanalyse, und er konnte es zuweilen mit pedantischer Eindringlichkeit entfalten. Entscheidend jedoch wurde für Panofsky der Hamburger Kreis um Aby Warburg. Mit dem Betreuer der berühmten Warburg-Bibliothek, mit Fritz Saxl, hat er in dem Buch über Dürers *Melencolia I* (1923) die Warburgsche Vorstellung von einer ikonologischen Forschung mit einer klassischen Untersuchung belegt. Ein vereinfachendes Urteil unterstellt dem Warburg-Kreis ein naives, positivistisches Interesse an dem Nachleben der Antike. Für Warburg jedoch war die antike Kunst das Arsenal, aus dem sich die Menschheit immer dann Formulierungshilfen suchte, wenn das soziale »Gedächtnis« uralte Traumata, Angst-, Ekstase- oder Glückzustände wieder aufleben ließ. Ästhetische Formen, insbesondere in ihrer klassisch-antiken Ausprägung, waren fast therapeutische Rationalisierungsleistungen gegenüber Erinnerungslasten, die über verschlungene mythische, kultische, astrologische, subkulturelle Kanäle immer wieder herausbrachen. Mit Hilfe der antiken Formeln, ihrer Rekonstruktion und Freilegung sollte befreiendes »Distanzbewußtsein zu einer sozialen Dauerfunktion werden« können.

Diese gedankliche Grundfigur, in der nach dem Bewußtseinsbeitrag der Kunst gegen scheinbar naturwüchsige Befangenheit gefragt wird, läßt sich systematisiert und intellektualisiert und durch alles gelehrte Nebenwerk hindurch bei Panofsky immer wieder aufdecken. Das Grundproblem aller künstlerischen Formarbeit ist nach Panofsky die »Differenzierung gegen Kontinuität«, das Abrücken und Aufbrechen von Vorgegebenem. Panofsky registriert, und er hat dies in einem eigenen Buch noch breit entwickelt, daß die mittelalterliche Kunst antike Themen immer zeitgenössisch verkleidet, während christliche Themen oft in antikem Formgewand erscheinen. Er folgert daraus, daß die Antike dem christlichen Mittelalter noch »zu nachdrücklich gegenwärtig war«, so daß ihre bedrohlichen Lockrufe gleichsam weggestaut werden mußten. Das Mittelalter war somit antikegläubiger als die Renaissance, für die die Antike endgültig distanziert, eingeholt, unwiederbringliche Vergangenheit ist, womit sie dann erst Gegenstand humanistischer Gelehrsamkeit und künstlerischer Arbeit werden konnte. Das dreiköpfige Serapis-Monster etwa mußte neun Jahrhunderte lang »gefangen« bleiben, bis es von Petrarca »wiederentdeckt und freigelassen« wurde; zunächst noch vorsichtig

Apollon zu Füßen gelegt, gelingt es erst im 16. Jahrhundert, als die antike Form sich wieder frei mit antiken Themen verbinden kann, »den Bann dieser beharrlichen Tradition zu brechen«, das Monster kann jetzt moralistisch in der Herrschaftsikonographie eingesetzt werden oder es kann Tizian als Allegorie familiärer Zukunftsvorsorge dienen.

So, wie die Perspektive die Distanz zwischen Subjekt und Objekt erfahrbar macht und damit das wissenschaftliche Verhalten zur Welt vorbereitet, das sie als künstlerisches Problem zugleich erledigt, so wird nach Panofsky auch die Proportionslehre, die einmal der symbolischen Selbstbestimmung des Menschen diente, mit Dürers differenziertem anthropometrischem Verfahren relativiert und künstlerisch obsolet, im übrigen aber »unschätzbar für die Entwicklung solcher neuer Wissenschaften wie Anthropologie, Kriminologie und Biologie«. Die Dialektik von Bestimmung, Befreiung und Verwertung kehrt in allen Aufsätzen, die Panofsky hier zusammengestellt hat, wieder. Vasari hat eine spätmittelalterliche Zeichnung in ein Buch eingeklebt und nicht mit einem Renaissancerahmen sondern mit einem nachgefühlten mittelalterlichen Architekturrahmen umgeben: Gerade die Oppositionsstellung des Renaissancekünstlers zur Gotik, die Vasari formuliert hat, »das Fremdheitsgefühl gegenüber dem Mittelalter, konnte einem Renaissancearchitekten zum Anlaß werden, in einer ›reineren‹ Gotik zu bauen« und das Mittelalter als eine eigentümliche historische Epoche zu erkennen. Im Norden Europas dagegen hat man »gerade mangels eines wirklichen Abstandsgefühls« noch lange mit Renaissanceformen gotisch gebaut, und dort ist es erst im 18. Jahrhundert zu jenem Bewußtseinsstand gekommen, der gotische Formen, weil sie einer »unwiederbringlichen Vergangenheit« angehörten, als Stimmungsmotive einsetzen und dann auch nationalistisch verwerten und historisch erforschen kann.

Solche Wandlungen eines geschichtlich bedingten »Habitus« können Überliefertes bis in die grammatikalische Logik hinein aufbrechen. Die Wendung »Et in arcadia ego« war in den Arkadienbildern des frühen 17. Jahrhunderts dem Tod in den Mund gelegt, der damit seine Präsenz auch für Utopia anmeldete. Unter den Bedingungen einer siegreichen Gegenreformation verwandelte Poussin mit künstlerischen Mitteln das Thema zu einer »einfühlsamen Meditation über eine schöne Vergangenheit« und »zwingt den Betrachter, falsch zu übersetzen«, nämlich so, wie das »Auch ich war in Arkadien« noch heute, mit Goethes *Italienischer Reise*, verstanden wird. »Was eine Bedrohung war, ist zu einer Erinnerung geworden.«

Kunstwerke übernehmen aus dieser Sicht die Aufgabe, Bewußtseins- und Distanzerfahrungen zu übermitteln, und Panofskys Operationen lassen erkennen, daß ihm kunstwissenschaftliche Deutung eine Form solcher Distanznahme ist.

In die überaus gelehrte und souveräne Handhabung des wissenschaftlichen Instrumentariums selbst aber läßt Panofsky – der das ist, was er von Suger, dem kirchenbauenden Abt von St-Denis, sagt: ein »Genie des Details« – immer wieder anekdotische, alltägliche oder persönliche Erfahrungen einfließen (wenn er etwa den englischen Kriminalstorys ein besonderes »Gespür für lateinische Grammatik« bescheinigt), so daß er den Bann wissenschaftlicher Akribie noch in die Freiheit der Distanz aufzulösen vermag. Der, wie er selber sagte, »versprengte Europäer« aus Princeton hat aus der Entfernung mit unseren erstarrten Kulturgütern einen spielerisch humanen, befreienden Umgang gepflegt.

1 Inzwischen liegt das Werk in deutscher Übersetzung vor: Erwin Panofsky: *Altniederländische Malerei: Ihr Ursprung und Wesen*, übersetzt und hg. von Jochen Sander und Stephan Kemperdick, Ostfildern 2001.

# Sprechen und Denken – Hamburger Vorlesungen

Erwin Panofsky gehört zu einem Gelehrtentypus, von dem man, ohne auf Widerspruch zu stoßen, behaupten kann, daß die Ergebnisse seiner wissenschaftlichen Forschung Geltung beanspruchen, unabhängig von zeitlichen oder persönlichen Umständen. Dies entspricht dem uns nahegebrachten Ideal wissenschaftlicher Arbeit: Wahrheit unabhängig von Anniversarien und Dispositionen, asketisch errungen unter Ausschluß der Person. Man denke an den Satz Wilhelm Vöges: »Viollet-le-Duc war vielleicht eine zu lebendige Persönlichkeit, um ein Historiker ersten Ranges sein zu können.« Die wissenschaftliche Tätigkeit, so könnte man mit einer Lieblingswendung Panofskys sagen, vollzieht sich *sub specie aeternitatis.*

Jan Bialostocki hat einmal beiläufig eine persönliche und merkwürdige Eigentümlichkeit darin gesehen, daß alle Bücher und viele Aufsätze von Panofsky aus seiner Zeit in Amerika aus Vorlesungen oder Vorträgen hervorgegangen sind. Diese Tatsache ist deshalb verwunderlich, weil Panofsky in Princeton fern aller Lehrverpflichtungen forschen konnte, und dies auch nach eigenem Bekunden als ein Privileg empfunden hat. Man stellt es sich doch gerne so vor, daß hier wenigstens einmal einer von allen Ablenkungen durch ein zu bedienendes Publikum befreit war und unangefochten allein seinen wissenschaftlichen Publikationszielen lebte.

Wir verdanken diesem Umstand, daß die späten Schriften Panofskys allesamt Redetexte sind, die großzügige didaktische Anlage der Texte, ihre kommunikative Verbindlichkeit, in der der Leser sich direkt angesprochen und einbezogen fühlt. Wenn also die Folgen einer vorgängigen oralen Mitteilung positiv sind, darf man dennoch über die Ursachen dieses Konnexes zwischen Vortrag und Veröffentlichung nachdenklich werden. Panofsky selbst hat ja den Wandel seines sprachlichen Stils hin zu einer größeren Einfachheit als eine Akkulturationsleistung gegenüber der englischen Sprache bezeichnet. Diese These einer heilsamen Anpassung kann manche stilistische Glättung und Vereinfachung, so das Verschwinden der Schachtelsätze und Anakoluthe erklären, nicht aber die Tatsache, warum die wissenschaftliche Veröffentlichung für Panofsky nicht ein Ziel an sich war, sondern warum eine solche Veröffentlichung immer den Umweg über eine lebendige Übermittlung suchte.

Ich möchte hier eine Erklärung anbieten, die sich unter dem Eindruck der Hamburger Vorlesungen Panofskys ergeben hat. Von fünf Vorlesungen verfügen wir über recht detaillierte Nachschriften des Lehrers Willy Meyne, der 1930 bei Panofsky promovieren wird. Mein Eindruck und mein Referat ist beschränkt durch die Grenzen dieser Nachschriften. Diese erlauben aber doch als eine einfache und plausible Erklärung für das Wechselverhältnis zwischen Vortrag und Veröffentlichung bei Panofsky die Nachwirkung eines Anspruches der deutschen Universität anzugeben, und zwar des Anspruchs einer Einheit von Lehre und Forschung.

Diese Einheit von Lehre und Forschung hat Panofsky seit seinem achtundzwanzigsten Lebensjahr praktiziert. Der Anspruch an Lehre und Forschung war nicht nur durch die Gründungsemphase einer neuen Universität und durch eine entsprechende Kollegenschaft getragen, sondern auch durch die Tatsache, daß hier jüdische Wissenschaftler ein Universitätsinstitut aufbauten, das immer aufs Neue nicht nur durch besondere Leistungen und Anstrengungen zu rechtfertigen war, sondern das über Jahre hin auch durch die wachsame Aufmerksamkeit und Anteilnahme Aby Warburgs wachgehalten wurde.

Dreizehn Jahre lang, von seinem 28. bis zu seinem 41. Lebensjahr, war Panofsky diesem Anspruchsdruck ausgesetzt. Man könnte in Anlehnung an eine im Warburgkreis geläufige Terminologie sagen, daß sich Panofsky das Postulat der Einheit von Forschung und Lehre in seinen jungen Jahren wie ein Engramm so eingeprägt hat, daß er in späteren Jahren die beiden Tätigkeitsformen nicht mehr unabhängig voneinander ausüben konnte; daß ihm Forschung erst im Zusammenhang mit einem Lehrakt überhaupt realisierbar war.

Vieles hat Panofsky in der Emigration ausgeführt, was er in den Hamburger Jahren lehrend sich erarbeitet hatte. Man braucht nur einige der Vorlesungstitel zu nennen, um festzustellen, daß hier Lebensthemen angegangen worden waren, die dann später ihre wissenschaftliche Ausarbeitung gefunden haben: »Die Anfänge neuzeitlicher Kunst um 1400«, »Altniederländische Malerei«, dreistündig, vier Mal; eine dreistündige »Einführung in die bildende Kunst der italienischen Renaissance«, »Albrecht Dürer und seine Zeit« zwei Mal, »Michelangelo im Rahmen seiner Zeit«, »Raffael-Michelangelo-Correggio«, »Italienische Cinquecentisten«, zwei Mal »Beispiele sepulkraler Plastik«. Aus dem späteren Forschungsrahmen heraus fällt eine Vorlesung über »Altdeutsche Malerei«, über »Spätgotische Plastik in Deutschland«, über »Französische Kunst im 18. Jahrhundert«. Originelle Vorlesungstitel, in denen sich Lieblingsideen oder auch fixe Ideen niederschlugen, und das Hamburger Seminar singulär machten, sind »Künstler und Denker« oder auch »Spätwerke großer Meister und Spätphasen großer Stile«.

Panofsky ist also in der amerikanischen Emigration vielen Themen aus seiner Hamburger Vorlesungszeit treu geblieben, indem er sie dort zu den fundamentalen Veröffentlichungen ausarbeitete, die uns dann alle in den fünfziger Jahren wieder erreicht haben; sie waren in Amerika noch einmal durch die Probe der Lehre gegangen, bevor sie mit Anmerkungen versehen und gedruckt wurden.

Man kann diesen Befund ergänzen durch Hinweise auf Einzelmotive oder Ideen, die aus den Vorlesungen in die späteren Publikationen eingegangen sind. So erscheint in der Vorlesung über Altniederländische Malerei schon die Genesis der *ars nova* entwickelt aus der Buchmalerei und aus der Skulptur; nirgends freilich ist die originelle spätere Theorie von der simplistischen Stilhaltung von Regionalschulen ins Spiel gebracht, die bei van Eyck wirksam geworden sei; den Gedanken findet man jedoch in einer Mittelaltervorlesung 1922, wo es über die Hl. Fides in Conques heißt: »Provinzielle Kunst kann, wie hier, manchmal fortschrittlicher sein«. Aus diesem Aperçu ist dann später eine der tragenden Ideen von *Early Netherlandish Painting* geworden. Nirgends ist übrigens in der Vorlesung schon von jenem »disguised symbolism« gehandelt, in dem sich lange die Leistung des Buches zu erschöpfen schien. – Wenn es von Donatello 1923 heißt: er »mußte erst einen möglichst großen Abstand von der Antike nehmen, um sie zu erkennen«, und wenn festgestellt wird: »Die Epigonen Donatellos waren eben reinere Renaissancekünstler als er selbst«, dann sind das Denkfiguren, die später immer wiederkehren und die eine Grundtendenz von *Renaissance and Renascences* ausmachen werden. Das »Disjunktionsgesetz« aus dem gleichen Buch taucht, merkwürdig verkehrt, auf, wo in der Vorlesung über die Cinquecentisten an Bronzinos Bildnis des Andrea Doria als Neptun folgendes beobachtet wird: »In fürstlicher Haltung, trotzdem Nacktheit Freiheit voraussetzen müßte. Entkleidet bewahrt der Dargestellte die Art, die er bekleidet zeigen würde«. In dieser Beobachtung, daß der Herrscher nackt sich nicht anders als bekleidet verhält, ist jenes Gesetz wirksam, das im Mittelalter den antiken Göttern zeitgenössische Kleider verpaßt, aus welcher Verfremdung sie erst in der Renaissance herauskommen, in die aber der Doria/Neptun unwillkürlich wieder zurückfällt.

Diese antizipatorische Bedeutung gewinnen die Hamburger Vorlesungen aus der postumen Perspektive des Gesamtwerkes. Aus damaliger Sicht, etwa aus der Sicht damaliger Hamburger Studenten, hatte das Lehrprogramm des jungen Dozenten mit seinen vorliegenden und erscheinenden Veröffentlichungen wenig zu tun. Weder der Herkules am Scheideweg, noch auch Kunsttheorie, noch Proportion und Perspektive haben in der Lehre eine nennenswerte Rolle gespielt. Das gilt vor allem von der ikonographischen Methode, die im Hamburger Lehrprogramm überhaupt nicht vorkommt, offensichtlich auch nicht in den gemeinsam mit Saxl in der Warburg-Bibliothek veranstalteten quellenkundlichen Übungen. Die Meinung, damals sei in Hamburg eine Art Spezialschule für ikonographische Forschung etabliert worden, ist offensichtlich irrig. Das Lehrprogramm und die Lehrinhalte gehen keine methodischen Risiken ein, kennen keine Geistesgeschichte, keine symbolischen Formen, mehr Wölfflin als Warburg, mehr Dehio als Cassirer, kurz: mehr Dokumente als Dokumentensinn.

Auch in der Gesamtanlage waren die Vorlesungen recht handfest aufgebaut, so wie wir sie etwa auch von Goldschmidt her kennen: Eine kurze generelle Einführung mit einem Überblicksschema und einer oft beträchtlichen Literaturliste, dann ein Durchgang durch die Denkmäler Stück für Stück, in penibler Einzelvorführung nach Gattungen und Ländern und Stilphasen, die die einzigen verfügbaren Gliederungsformen gewesen sind. Aus damaliger Sicht also absolvierte man in Hamburg ein relativ konventionelles Kunstgeschichtsstudium. Über seine Vorlesungen hat sich auch Panofsky selbst den Stoff seines Fachgebietes erst angeeignet; so bekennt er Warburg gegenüber einmal, daß er über seinen bevorstehenden Vorlesungsgegenstand, die französische Kunst des 18. Jahrhunderts, noch gar nichts wisse.

In kaum eine andere Vorlesung hat Panofsky so viel Arbeit investiert wie in die Jahresvorlesung über das Deutsche Mittelalter. Wenn man nach den Hamburger Vorlesungen zu urteilen hätte, wäre aus Panofsky ein Mittelalterforscher geworden. In der Vorlesung zum Deutschen Mittelalter spielt Dehio eine wichtige Rolle, dessen *Geschichte der Deutschen Kunst* ein Jahr zuvor erschienen war. Während Dehio das deutsche Volk zum Helden seiner Kunstgeschichte erklärt, verfolgt Panofsky eine ganz andere Idee, mit der er eine »Unterschicht« des Mittelalters, wie er sagt, zu erschließen sucht. Gleich einleitend heißt es: »Unsere Auffassung: das Mittelalter umfaßt die Zeit, in der sich die Völker, die nicht zum Mittelmeerkreis gehören, mit der Kunst dieses Kreises auseinandersetzen«. Die Auseinandersetzung mit Byzanz bleibt ein immer wieder aktiviertes Leitmotiv der Vorlesung, so daß es etwa zum 12. Jahrhundert heißen kann: »Byzanz wieder das Sprungbett des Neuen, der französischen Gotik, die erst eintritt nach Vorbereitung des Bodens durch byzantinische Kunst (Gesetz der Affinität)«. Byzanz, so heißt es an anderer Stelle, »hat nun immer wieder auf das Abendland eingewirkt. Es hatte dieselbe Bedeutung wie später Italien für den Norden. Die Byzantiner Kunst gehört nicht zum Mittelalter, sondern hier hellenistische Überlieferung oder Fortsetzung«. Es war offensichtlich eines der großen Projekte des jungen Panofsky, die Einwirkung von Byzanz auf die mittelalterliche Kunst und Kultur als eine Form hellenistischer Nachwirkung zu verstehen und somit das Mittelalter für das Forschungsprogramm der Warburg-Bibliothek zu sichern.

In der Emigration hat Panofsky in Princeton und New York in den dreißiger Jahren über deutsche Skulptur und Malerei des Mittelalters und des Spätmittelalters mehrfach Vorlesungen gehalten. Aber er hat darüber nicht mehr publiziert; lediglich das Buch über die *Grabplastik* läßt erkennen, wie sehr er sich hier zuhause fühlte. Es ist nicht leicht, den Verlust zu bilanzieren, aber die Vorlesungsnachschriften regen immer wieder zu der Frage an, was wohl aus der einen oder anderen Idee hätte werden können, wenn Panofsky in gleicher Intensität beim Mittelalter geblieben wäre. So wenn es über die Lettnerreliefs in Naumburg heißt: »Die Auffassung des Judas jedenfalls merkwürdig, die der übrigen widerspricht. Es hat im Mittelalter eine Sekte gegeben, die Judas für den gläubigsten der Jünger hinstellte. Die bösen Mächte wollten verhindern, daß Jesus starb. Judas opferte sich selbst, indem er den Heiland verriet. Diese Sekte hatte ein besonderes Judasevangelium, das Judas als zweiten Heiland hinstellte«. Der Vergleich mit der zeitgenössischen Literatur würde ergeben, wie neuartig eine der wenigen ikonologischen Passagen in den Vorlesungen den Bernwardleuchter in Hildsheim analysierte: »Aufstieg der Seele zum Licht, zuerst gefesselt an dämonische Gewalten, durch das Licht von oben befreit. (Licht der heiligen Kerze Symbol des Lichtes von oben, nach dem der Mensch strebt). Auf dem Fuß drei Figuren, die auf Drachen reiten. Bis zum Knauf: die Seele, die der Sünde bewußt ist, steigt nach oben, Löwen klettern nach. Oben: Zustand des Gerettetseins: Weinranken mit Trauben (Wein Symbol für Jesus selbst).«

Die frühen Vorlesungen zeigen den ganzen vorikonographischen Panofsky, und sie legen unwillkürlich die müßige Frage nahe, was sich daraus vielleicht hätte entwickeln können. Auf dem mühsamen Weg stilgeschichtlicher Verrechnungen und Ableitungen bieten die Vorlesungen immer wieder glückliche Einfälle und Beobachtungen, sprachliche und gedankliche Charakterisierungen, die jedenfalls den Hörer Meyne aufhorchen ließen, und von denen man sich manch eine aufbewahrt oder ausgeführt wünschte. Im Programm der Hildesheimer Bronzetüren wird die Zuführung Evas zu Adam als eine Situation des Findens und ihr Pendant, die Frauen vor dem Grabe, als eine Situation des Nichtfindens gedeutet. Über die Perspektive bei Uccello notiert Meyne: »Landschaft und Perspektive zuvor feindlich, aber beide verlassen den unendlichen Raum, Perspektive rational, Landschaft irrational.« Die Manierismusvorlesung im Sommer 1926 betrat vielfach Neuland: In Anlehnung an Walter Friedländers soeben erschienenen Aufsatz wird definiert: Der Manierismus »wendet sich gegen die klassische Renaissance und nimmt Tendenzen des Quattrocento und des Mittelalters auf [...] Das Barock am Ende des 16. Jahrhunderts greift die Hochrenaissance auf [...]« Fast manisch verfolgt Panofsky den Einfluß Dürers auf die italienischen Cinquecentisten. Das manieristische Porträt wird wie folgt charakterisiert: »Wesentlich für dieses: Der Ausdruck von herrischem und traurigem Wesen. Innere Duplizität charakterisiert den Manierismus. Recht des Individuums, sich zu behaupten, aber Zuflucht zu Gott (Zeit der Gegenreformation). Diese Zeit hat auch den modernen Geniebegriff geschaffen. Isoliertheit und Trauer. Das Figurenbild unruhig, das Porträt starr.« Oder: »Alle großen Manieristen waren nicht normal im bürgerlichen Sinne. Pontormo aber doch ein liebenswerter Mensch.« Rossos Kreuzabnahme in Volterra von 1521 wird so vorgestellt: »Von der klassischen Anordnung abgewichen. Keine Symmetrie. Fügung der Figuren zu rhythmischem Kranz. Prismatische Gestalt der Falten noch stärker betont. Farben nach psychologischen Werten abgestuft. Betonung der Art des Schmerzes durch die Farbe: Maria dunkelgrün bis schwarz, Magdalena karmin mit gelbem Gürtel, Johannes weiß, Schatten holzartig braun, Christus grüne Leichenfarbe, wie nur Nordländer es wagten (Grünewald). Das Ganze vor tief blauem Nachthimmel. Die Malweise des changeange angewendet, d.h. für die Schatten gegensätzliche Farben verwendet. Schon durch Sarto eingeführt. Massysschule verwendet es im Norden. Dürer dagegen. Auch die Manieristen um 1400, Lorenzo Monaco etc., wenden es an. Der Manierismus will den Farbengegensatz, die irrationale Buntheit der Farben als solche. Fast bengalischer Eindruck, wie wenn eine Figur von verschiedenen Seiten mit verschiedenfarbigem Licht beleuchtet wird. Das kann leicht äußerlich wirken. Im zweiten Manierismus wird es perlmutterartig, bei Rosso pfefferartig.« – Man konnte sich in einer Vorlesung von 1928 schon dem reifen Hauptwerk von 1953 nahefühlen, wenn Rogier van der Weyden so charakterisiert wurde: »Besondere, vornehme Persönlichkeit, Vornehmheit des Gemütes. Gepaart mit einer bitteren Strenge. Rogier der Erfinder. Von innen nach außen gemalt, hat innere Gesichte. Die geniale Konzeption, nicht die Beobachtung wichtig. Er konnte auch realistisch malen, es interessierte ihn nicht so. Bei ihm Pathos und Adel. Pathos dem Eyck entgegengesetzt. Adel bei ihm verborgen. Flemalle hatte Pathetisches, aber keinen Adel. Rogier büßt den malerischen Duft, die Dichtigkeit der Welt ein, das Atmosphärische ist weggeblasen. Die geniale Konstruktion bleibt. Die Linie das Edlere, weil Geistigere von der Kunsttheorie genannt.«

Gelegentlich lassen die Nachschriften auch erkennen, daß anekdotenreifer Esprit am Werke war, etwa wenn es von einem Heiligen Michael aus der Adagruppe heißt, daß hier der »Kampf mit dem Bösen selbst für einen Engel ein schwerer ist«. Panofsky stellt ihm einen Engel aus »syrisch-ägyptischer Zeit« gegenüber, dessen »edle Einfalt und stille Größe« eine »ruhige Weltherrschaft« repräsentiere, gegenüber der offenbar nervösen karolingischen. Der alte karolingische Dom in Mainz wird als »ein aus dem Gleichgewicht gebrachter Zentralbau« charakterisiert. Oder bei van Eycks neu disponierter Ölmalerei wird der Vorteil vermerkt, daß durch sie der »starke Geruch verhindert« wurde.

Die Wissenschaftstradition, die Panofsky zu verkörpern scheint, sieht Wissenschaft und deren Ergebnisse als objektiv begründet an, als Annäherung an eine objektive Wahrheit. Zwiespältig wirkt dieser Anspruch bei Kunsthistorikern schon deshalb, weil sie dieses Ideal, sobald sie es mit Künstlern zu tun haben, über Bord werfen: Hier ist ihnen Wahrheit umso gültiger, je persönlicher sie geprägt ist. In der Wissenschaft auf objektive Wahrheit vereidigt, akklamieren wir vor Kunstwerken der subjektiven. In der Wissenschaft erscheinen subjektive Bedingtheiten wie Eintrübungen der Wahrheit, während sie ihr erst ein humanes Gesicht geben.

Durch Panofsky ist ein Lehrstuhl an einer Universität der Weimarer Republik frei wahrgenommen worden: Der Hochschullehrer nahm sich die Freiheit, in der Vorlesung Konventionen zu pflegen, Neues zu versuchen, Geist und Witz zu entfalten, Wissen zu erarbeiten, selbst zu lernen, Erkenntnis zu fördern, kurz: Lehre und Forschung als eine Einheit zu vollziehen. Offensichtlich hat Panofsky das Wechselverhältnis von Forschung und Lehre so habitualisiert, daß er sein Leben lang nicht mehr von dieser Form der Erkenntnis hat loskommen können und auch in Amerika immer nur forschen und schreiben konnte, wenn er wußte, daß lebendige Hörer ihn erwarteten.

# Dürer als Denker

Das Dürer-Buch des emigrierten deutschen Kunsthistorikers Erwin Panofsky ist 1943 in Princeton erschienen. Dort hatte es zwölf Jahre später seine vierte Auflage erlebt. 1967 erschien eine italienische Übersetzung. Erst jetzt liegt auch eine deutsche Übersetzung vor, die Panofskys Schülerin Lise Lotte Möller besorgt hat. Es dürfte nicht oft vorkommen, daß eine Kulturnation über dreißig Jahre lang warten muß, bis sie die maßgebende Monographie über ihren prominentesten Künstler vorgelegt bekommt. Unwillkürlich fragt man sich, ob es nicht überhaupt zu spät ist. Ein Buch dieser Art kann wissenschaftlich schnell überholt sein. Obwohl Panofsky es für ein breiteres Publikum geschrieben hat, hat doch sein Dürer-Buch auch die Spezialforschung angeregt und weitergetrieben. Viele Thesen, Einsichten und Sachverhalte sind noch nicht erledigt, bei manchen jedoch haben sich Wandlungen ergeben.

Eine andere Frage ist, ob das Bild, das Panofsky von Dürer entwirft, seine Wert- und Urteilskriterien, nach dreißig Jahren noch ohne weiteres gültig sein können.

Das Dürer-Buch ist die erste größere Arbeit, die Panofsky dem amerikanischen Publikum vorgelegt hat. Vergleicht man sie mit seiner Dissertation, die Dürers Kunsttheorie behandelt hatte, so fällt die einfache Sprache, die didaktische Gedankenführung auf. Kultur- und bildungsgeschichtliche Exkurse, aber auch einzelne Wendungen wie der Hinweis auf das »Atelier Walt Disneys«, geben zu erkennen, daß Panofsky bemüht war, den deutschen Künstler einem fremden Publikum nahezubringen. Daß die chauvinistische Vereinnahmung Dürers ganz ignoriert wird, enthebt die Monographie dem zeitpolitischen Kontext. Daß auch die Streitfrage, ob Dürer durch die Rezeption italienischer Renaissanceformen sein genuines Wesen verfälscht oder verleugnet habe, bei Panofsky keine Rolle spielt, hebt sein Dürer-Bild weit über das Niveau, das auch nach dem Zweiten Weltkrieg hierzulande das Verständnis dieses Künstlers vielfach noch bestimmte.

Panofskys Dürer bewegt sich in historisch angemesseneren und zugleich moderneren Problemzusammenhängen. Es ist der »unaufhörliche Kampf zwischen Verstand und Intuition, verallgemeinerndem Formalismus und sonderndem Realismus, humanistischem Selbstverständnis und mittelalterlicher Demut«, der Dürers künstlerisches Werk prägt. Panofsky führt den Leser in jedes Stadium von Dürers Entwicklung wie in eine in sich schlüssige, abgerundete Welt ein, um dann die immanenten Widersprüche des Erreichten aufzudecken, durch die Dürer zu neuen Lösungsversuchen getrieben wurde. Hat sich im Münchner Selbstbildnis der Intellekt, das »Verlangen nach ›Vernunft‹« scheinbar endgültig gegen die wuchernde Intuition durchgesetzt, so ist die regelrechte Rationalität, die alles im Gleichgewicht zu halten sucht, bald schon gefährdet durch ein mikroskopisches Beobachtungsbedürfnis, das den Einzeldingen gegenüber den verallgemeinernden Schemata zu ihrem Recht verhilft. So zeigt der Eustachiusstich den »Konflikt zwischen einer lehrhaften und gleichzeitig übertriebenen naturalistischen Behandlung«; und das Mittelbild des Paumgartner Altars, in dem die strengen Regeln der Perspektive eine pittoresk-beschauliche Tatsachenvielfalt zu bewältigen suchen, zeigt die »Lösung zweier gänzlich verschiedenen künstlerischen oder vielmehr kunsttheoretischen Probleme«.

So vollzieht sich in Dürers Werk, nach Panofsky, ein ständiger Wechsel von Anspannung und Entspannung, der auf jeder Stufe neue technische und ästhetische Figurationen hervorbringt. Erst um 1514 hat Dürer in den drei Meisterstichen, die Panofsky zyklisch, als »geistige Gegenstücke« auffaßt, einen Standort erreicht, der es ihm ermöglicht, die Positionen zu objektivieren: Der Ritter mit Tod und Teufel hat die Problemphase hinter sich und schreitet dezisionistisch zur Tat; der Hieronymus im Gehäuse ist sich selbst mit seinen Büchern genug, wogegen die Melancholie, die »auf einem Problem beharrt, das nicht zu lösen ist«, den Status des neuzeitlichen Künstlers bezeichnet, der an der Vergeblichkeit, das Vollkommene zu verwirklichen, verzweifelt.

Fragt man danach, was in Panofskys Sicht das Wechselspiel von Position und Negation eigentlich antreibt, so wird man einmal auf einen »eingeborenen Konflikt« in Dürers Geiste, dann auf Außenfaktoren wie die Begegnung mit venezianischer Kunst, mit Grünewald, oder mit historischen Erscheinungen wie dem Humanismus, dem maximilianischen Hof oder der Reformation verwiesen. Letztlich aber ist es die sinnliche Materialität des Mediums, die Beschränktheit der künstlerischen, dem Handwerklichen verhafteten Mittel, die das Ungenügen erzeugt. Nicht von ungefähr mündet diese Monographie ein in ein Kapitel über Dürer als Kunsttheoretiker. Hier erst, im theoretischen Diskurs, durch den Dürer nach Panofsky zum Begründer einer deutschen Wissenschaftssprache wird, erreicht Dürer eine Aussageebene, von der aus er die Zufälligkeit der Wirklichkeit hinter sich lassen kann. Im Grunde sieht Panofsky in Dürer einen Künstler, der darunter leidet, daß ihm für sein wissenschaftliches Forschungsinteresse nur künstlerische, vorwiegend graphische Mittel zur Verfügung stehen. Panofsky vermag die technische Handhabung der Graphik bis in die Strichlagen hinein so eindringlich zu analysieren, weil sie ihm nicht mehr als angemessener Vermittlungsträger für diejenigen Probleme erscheint, die Dürer eigentlich vor Augen hatte. Panofsky sieht bei Dürer einen szientistischen Impuls am Werke, der sich später den gigantischen, verselbständigten Wissenschaftsapparat entwickeln wird. Auch viele Vergleiche und Metaphern aus Physik und Technik machen deutlich, daß das Buch vom Stand und vielleicht auch unter dem Eindruck technischer Naturbeherrschung in den USA geschrieben wurde. Von ihrem Anspruch aus wirken die Störfaktoren, die sich in Dürers Werken immer wieder melden, wie alteuropäische Reminiszenzen.

Diese Verwissenschaftlichung des Dürer-Bildes besagt, daß Panofsky einen gegenwärtigen Reflexions- und Erfahrungsstand durch Dürers Werk hindurch festhält. Das heißt zugleich, daß Dürer wirklich ernst genommen ist. Gewöhnlich pflegen ja gerade deutsche Kunsthistoriker, wenn sie ästhetische Eindrücke vermitteln wollen, sich einer Art Kindersprache zu bedienen, mit der sie ihren Gegenständen gerecht zu werden vermeinen. Daß Panofsky seine intellektuelle Kompetenz nicht preisgibt, hat sein Buch wohl letztlich so lange jenseits unserer Grenzen gehalten. Es erscheint jetzt zu einem Zeitpunkt, da man der technisch-wissenschaftlichen Welteroberung nicht mehr ohne weiteres den Vorrang gegenüber den sinnlichen und spontanen Entfaltungsbedürfnissen einräumen wird.

Eine Revision, die sich der Opfer annimmt, welche die instrumentelle Vernunft, die Panofsky mit Dürer sich herausbilden sieht, gefordert hat, wird deren Notwendigkeit nicht einfach ignorieren, ihr aber doch gleichsam ein neues Dienstverhältnis zuweisen. Die Übersetzerin spricht vom »klassischen Dürer-Buch unserer Generation«. Es wird auch ein unentbehrliches Buch für die nächste Generation bleiben können, wenn sie das Buch nicht zum »Klassiker« erstarren läßt.

# Die traurige Muse

Ein gutes wissenschaftliches Buch hat eine Frage, eine These, die sich oft recht einfach ausnimmt. Die beiden Hamburger Gelehrten Fritz Saxl und Erwin Panofsky haben ihre Frage zunächst, 1923, in einem Heft über Dürers Meisterstich *Melencolia I* entwickelt. Als im Exil eine englische Auflage erscheinen sollte, zogen sie den Schüler des Philosophen Ernst Cassirer, Raymond Klibansky, hinzu. Im Jahre 1963 lag dann das überaus reichhaltige und gelehrte Kompendium vor, das erst jetzt eine deutsche Übersetzung erlebt.

Beinahe monatlich sind seither weitere Arbeiten über die Melancholie erschienen, doch die Grundfrage des Buches von 1923 hat sich offenbar nicht erledigt: Wie war es möglich, daß aus der Melancholie, die jahrhundertelang eine gefürchtete Krankheit gewesen war, irgendwann eine Bedingung schöpferischer Tätigkeit, das Merkmal eines genialen Künstlertums werden konnte? In Dürers Kupferstich *Melencolia I* von 1514 sahen Saxl und Panofsky jenen genialischen Habitus erstmals verbildlicht, der aus der Not seelischer Trübung die Tugend einer künstlerischen Genialität machte. Der Gestalt der *Melencolia* von Dürer waren die üblichen Attribute der Geometrie, also einer bildenden Kunst, beigegeben, so daß der Gemütszustand der Frau die seelische Verfassung des Künstlers, der in der Geometrie zu Hause sein mußte, spiegelte. Diese Verfassung aber äußert sich in den altüberlieferten Attributen der Melancholie, vor allem in der verzweifelt geballten Faust, die den trübsinnig dreinblickenden Kopf stützt: »Die Geste der geballten Faust, bisher ein bloßes Krankheitssymptom, symbolisiert jetzt die phantastische Konzentration eines Geistes, der ein Problem wahrhaft erfaßt hat, aber sich im gleichen Augenblick unfähig fühlt, es zu lösen oder davon zu lassen.« Klibansky wandelt in seinem jetzigen Vorwort diese Deutung etwas ab, wenn er formuliert, daß Dürer »letztlich die Ohnmacht des Künstlers zum Ausdruck bringen wollte, der zwar über alle handwerklichen Mittel verfügt und über die natürlichen Kräfte Saturns und der astralen Magie Bescheid weiß, dem aber der Beistand Gottes versagt bleibt«.

In jeder dieser Deutungen widersprechen die Verfasser ihrem Lehrmeister in Hamburg, dem Bibliotheksbegründer Aby Warburg, der in dem Stich ein »humanistisches Trostblatt wider Saturnfürchtigkeit«, einen Aufruf gegen Irrationalismus, gegen Aberglauben und Obskurantismus verbildlicht sah. Nach ihm hatte Dürer gegen die Mächte der Finsternis die Kraft der Wissenschaft und Aufklärung mobilisieren wollen. Warburg erkannte im Irrationalismus eine Gefahr, die das politische und soziale Leben zu erfassen drohte. Er möchte Dürer auf Seiten von Vernunft und Rationalität wissen; ohne sie ist für ihn die komplexe Welt eines solchen Stiches nicht zu erstellen und nicht zu bewältigen.

Ganz anders Saxl und Panofsky. Die als grübelnde Melancholie verkleidete Kunst in Dürers Stich zeigt den »Ausdruck faustischen Nichtwissenkönnens«. Die Frau ist an jener Grenze angelangt, an der Übung, Regel, Fertigkeit, vernünftiges überliefertes Wissen nicht mehr weiterhelfen, da alle rationalen Mittel erschöpft sind. Dürer war bewußt, daß nicht die exakte Wissenschaft die Kunst erhöhte, sondern »daß die tiefste Quelle schöpferischen Vermögens anderswo gesucht werden müsse, in jener rein irrationalen und individuellen Begnadung und Begeisterung«. Klibansky, Saxl und Panofsky setzen expressionistische Akzente, indem sie die Instrumentalisierung der Vernunft, die rationale Beherrschung der Welt durch individualistische, zufällige und spontane Gegenbewegungen gebrochen, in Schranken gehalten sehen wollen.

Diese Kontroverse muß man vor Augen haben, um zu verstehen, warum sich die Autoren den unglaublich aufwendigen, mit Fußnoten gespickten, keinen gelehrten Exkurs auslassenden Durchgang durch die abendländische, streckenweise auch orientalische Medizin- und Philosophiegeschichte zumuten. Sie verfolgen die labyrinthische Entwicklung einer humoralen Säftelehre, die die Melancholie als Folge eines Übermaßes an »schwarzer Galle« beschreibt. Eine Theorie, die sich später in der Temperamentenlehre systematisierte, die astrologisch überhöht wurde durch die Zuordnung in den Herrschaftsbereich des Saturn, als dessen Kind die Melancholie lange eine erbarmungswürdige Existenz als krüppelhafter, armer, zerlumpter Bauer oder Bettler fristete.

Erst der Florentiner Philosoph Marsilio Ficino gräbt im 15. Jahrhundert wieder die antike aristotelische Spur aus, welche eine besondere Form der Melancholie als ein Leiden geistig arbeitender Menschen angesehen hatte. Von hier wandert der Gedanke zu Agrippa von Nettesheim, dessen *Occulta Philosophia* in ihrer Urfassung von 1510 erstmals den Künstler in den Kreis der Melancholieanfälligen aufnimmt.

Es kennzeichnet die hier verfolgte Methode, daß das Bild seine Intention erst entfalten kann, wenn ein Bezugstext gefunden ist. Die neue Bedeutung des Dürerschen Stiches besteht in jener unerklärlichen Lähmung zwischen Fleiß und Tatenlosigkeit, zwischen Übung und Zwecklosigkeit, zwischen Vernunft und Dämonie. Daß Dürer der Lektüre des Agrippa oder dem Bericht darüber diesen Sinn abgewinnen konnte, ergibt sich aus einer persönlichen Erfahrung, nach der die Melancholie »zugleich das dunkle Verhängnis und den dunklen Urgrund des Schöpferischen darstellt«.

Rationalität und Aufklärung sind nicht die Heilmittel gegen die dunklen Mächte; eher sind sie die hilflosen Grenzwächter vor der Domäne irrationaler Triebe, die besser produktiv werden als verdrängt bleiben. Mit Dürer wäre eine Form künstlerischer Tätigkeit verabschiedet, die sich allein auf ein positives, unproblematisches, einvernehmliches Verhältnis zur Welt beruft.

# Ein Lebenswerk in Briefen

Mit berechtigtem Stolz zieht der Herausgeber der Panofsky-Korrespondenz im 5. Band eine Bilanz: »Die gesamte Auswahl-Ausgabe der Erwin-Panofsky-Korrespondenz hat einen Umfang von alles in allem 6942 Seiten. Es werden 3848 Briefe ediert, 93 davon als Faksimiles. Das sind rund 14,3 % der dem Herausgeber bekannt gewordenen Überlieferung von 27000 Briefen oder rund 12,8 % der vermuteten Gesamtüberlieferung von 30000 Briefen. Nur ca. drei Prozent des Materials stand verstreut gedruckt bisher zur Verfügung. Die Bände enthalten 322 gezählte Abbildungen.«[1] Tatsächlich ist das Auffälligste an dieser Briefedition die statistische Masse, die zumeist aus Archiven in Washington, Princeton, sowie aus zahlreichen anderen Quellen zutage gefördert wurde.

## *Alles prompt beantworten*

In den Geisteswissenschaften wird man wenige bedeutende Gelehrte finden, deren Briefe in diesem Umfang veröffentlicht worden wären. Immerhin ist Rankes Korrespondenz auf sechs Bände angelegt. Die zehn Bände der Briefe Jacob Burckhardts gehören kaum einem Fachgebiet. In der Kunstwissenschaft sind Alfred Lichtwarks 20 Briefbände an die Kommission für die Verwaltung der Hamburger Kunsthalle anders gedacht: Sie haben *einen* Adressaten und einen Zweck. Gustav Paulis Briefwechsel mit Max Liebermann oder Julius von Schlossers Briefwechsel mit Benedetto Croce bieten jeweils einen freundschaftlichen Gedankenaustausch, wie die Korrespondenz mit dem amerikanischen

Schriftsteller Booth Tarkington, die Panofsky selbst 1948 in einem Band herausgab. Heinrich Wölfflins große Briefschaft ist in knapper Auswahl in einem Band erschienen. Aby Warburgs Briefe werden in den Gesammelten Werken auf zwei Bände komprimiert werden, würden aber wohl, bei entsprechend großzügigem Maßstab, dem Umfang nach der Korrespondenz von Panofsky gleichkommen.

»Ich habe viele Fehler, aber eine grosse Tugend, nämlich Briefe immer sofort zu beantworten«, so schreibt Panofsky am 11. Januar 1939 an Fritz Saxl.[2] Aus dieser Tugend, »mit schrecklicher Promptheit« zu antworten, wie er gerne mit Fontane sagt, ergibt sich ein Grund für die Briefmasse: Es blieb nichts liegen und kam nichts weg.

Die inhaltliche Struktur der Briefe wandelt sich in den zwei entscheidenden Lebensabschnitten an den beiden fixen Orten, die Panofsky gleichermaßen mit »Paradiesen« vergleicht, in Hamburg und Princeton. Die frühe Korrespondenz aus der Studienzeit mit Kurt Badt stellt gleichsam eine Übung in freiem Denken dar. Die Briefe aus der Hamburger Zeit sind zumeist aus einem philosophischen, ästhetischen oder fachlichen Klärungsbedürfnis verfasst worden; in ihrer Niederschrift sucht Panofsky selbst gestellte Probleme zu bewältigen. Sie befassen sich mit aktuellen Namen und Themen und diskutieren etwa mit Dagobert Frey methodische, mit Hermann Beenken Begriffs- und Strukturbestimmungen für die romanische Plastik. Aber auch mit Schülern wird ein reger Gedankenaustausch gepflegt, und wenn Panofsky um einen Listenvorschlag gebeten wird, sind seine Vorschläge sorgfältig bedacht.[3] Die Briefe kommen im allgemeinen aus einer inneren Notwendigkeit zur Klärung der eigenen Stellung im Fach und in der Welt zustande.

## *Orakelbefragung in Amerika*

In der amerikanischen Zeit verändert sich diese Form brieflichen Austausches allmählich: Panofsky ist fast nur noch eine gefragte, reagierende Instanz. Zwar erreichen die Korrespondenzen mit dem Naturwissenschaftler Wolfgang Pauli, mit Margaret Barr, mit Meyer Schapiro und Fritz Saxl oder William Heckscher, aber auch mit dem Musikwissenschaftler Edward Lowinsky einen bedeutenden, zuweilen hochphilosophischen Rang. Die Masse der Briefe jedoch besteht mehr und mehr aus Antworten. Sie spiegeln die wachsende fachliche und intellektuelle Autorität wider; 1961 sieht Panofsky sich nur noch auf »die Beantwortung ikonographischer Anfragen aus allen Ländern der Welt« beschränkt.[4] Über weite Strecken gewinnt man den Eindruck, dass man es mit einer wissenschaftlichen Auskunftei zu tun habe. Der weltberühmte Gelehrte wird überschüttet mit Sonderdrucken und Büchern, und er behilft sich zumeist mit einem goethischen Schema: Hohes Lob zu Beginn, man sei belehrt – nur einige unbedeutende Ergänzungen (»small quibblings«)[5] – schließlich die Versicherung, die Forschung sei bereichert, der Autor möge sich ermutigt fühlen. Wenn die Edition hätte gekürzt werden müssen, wäre bei dieser Textsorte anzusetzen gewesen.

Höchst eindrucksvoll sind jedoch aus amerikanischer Zeit die Hilfsinitiativen für emigrierte Kollegen, vor allem für Walter Friedlaender. Bewegend, wie Panofsky den Bankier Eric Warburg um Hilfe für den erkrankten Schüler Walter Solmitz bittet.[6] Nobel die briefliche Anhänglichkeit und die nährreichen Lieferungen an den alten Lehrer Wilhelm Vöge in Ballenstedt. Rührend auch die bleibende, helfende Zuneigung zu der Hamburger Haushaltshilfe, aber auch zu seinen ehemaligen Schülern. Diesen gegenüber kommt sich Panofsky wie ein Felsen vor, der von den

Schülern wie von Meereswogen mit Moos und Muscheln angereichert wird, bis er alt und modrig aussieht.[7] Ergötzlich, wie für jede Lebenslage ein Zitat aus der Literatur, mit Vorliebe aus Fontane, zur Verfügung steht, um deren Nachweise der Herausgeber keine Mühe gescheut hat. Es kommen hinzu die Hilfen für ausländische und kontinentale Stellensuchende, zunächst in aufopfernder Weise für Emigranten, aber dann auch für den amerikanischen oder deutschen Nachwuchs. Von letzterem bemerkt Panofsky 1951: »Ich verstehe das Deutsch der Jungen nicht«,[8] so wie er die deutsche Kunstgeschichtsschreibung zwischen 1933 und 1945 »rein sprachlich nicht verstehen kann«,[9] da die Sprache damals »verunreinigt« worden sei.[10]

Rückwirkend ergeben sich aus der amerikanischen für die Hamburger Zeit, in der er seine »glücklichsten Jahre«[11] hatte und zu denen er sich eine »dankbare und durch nichts getrübte Erinnerung«[12] bewahrte,zwei nicht ganz unwichtige Details. Die von Panofsky öfters brieflich geäußerte Meinung, sein Lehrstuhl in Hamburg sei für ihn über die ganze Zeit des Nationalsozialismus vakant gehalten worden,[13] ist nicht zutreffend. Den Lehrstuhl hatte kurz, aber wirksam, 1940/41, Hubert Schrade inne, den Gertrud Bing schon 1937 für einen »Obernazi« hielt,[14] und der sich bald an die Reichsuniversität Straßburg absetzen sollte. Er taufte das »Kunsthistorische Seminar« nachhaltig in »Kunstgeschichtliches Seminar« um. Es war der Geist eingezogen, der dazu führte, dass in der Bibliothek den Bücherrücken jüdischer Kollegen ein Davidstern angeheftet wurde.

## *Fingierte Heimholung*

Eine andere Nachkriegsepisode, die durch einen Brief dieser Edition einen eigentümlichen Nachgeschmack erhält, ist vielleicht charakteristischer. Der Hamburger Universitätspolitik nach dem Krieg wurde oft nachgerühmt, dass der Senator Heinrich Landahl am 18. April 1946 Panofsky »auf Vorschlag der Philosophischen Fakultät« auf den vakanten Lehrstuhl für Kunstgeschichte berufen wollte: Der Senator würde es »herzlich begrüßen, wenn Sie sich entschließen könnten, auf Ihren alten Lehrstuhl zurückzukehren«.[15]

In Wahrheit hatte Bruno Snell als Dekan der Philosophischen Fakultät bereits am 7. Januar 1946 an Ludwig H. Heydenreich die Voranfrage gerichtet, ob dieser den Lehrstuhl Panofskys einnehmen wolle. Am 4. März 1946 jedoch berichtet der Rektor den Dekanen über eine zurückliegende Sitzung der englischen Militärregierung vom 26. September 1945: »Die englische Militärregierung dringt auf beschleunigtes und energisches Handeln: *alle* Gelehrten, Professoren, Dozenten und Assistenten sollen zurückberufen werden.« Der Dekan leitet schon fünf Tage später weisungsgemäß eine Liste an die Behörde mit den Namen der emigrierten Panofsky, Saxl, Tolnay und Wind, welche die Fakultät »gerne zurückgewinnen« würde. Doch hatte am Tag zuvor, am 8. März, die Fakultät eine Zweierliste mit den Namen Herbert von Einem und L. H. Heydenreich beschlossen und sie mit dem Vermerk versehen, die Fakultät wünsche gleichwohl »auf das herzlichste«, dass Panofsky nach Hamburg zurückkehre. Daraus ergab sich der Ruf an Panofsky durch den Senator Landahl vom 18. April 1946 – wohl auch mit Blick auf die englischen Wünsche. Überraschend aber ist, dass Panofsky aus Princeton an Richard Salomon nach Ohio am 6. April 1946, also zwölf Tage vor Abgang des Briefes des Senators an ihn, schreibt: »Heydenreich wahrscheinlich mein Nachfolger«.[16] Panofsky wusste also, dass man mit diesem längst verhandelte, bevor man an ihn selbst herantrat! Als Heydenreich am 29. August zugunsten von München absagte, arbeitete man nicht etwa die prominente Emigrantenliste ab, sondern berief am 17. September Herbert von Einem; nach dessen Absage fand man dann eine hauseigene, durchaus vorbelastete Lösung.

## *Totale Kunstgeschichte*

Die hier wiedergegebenen Briefe geben einen tiefen Eindruck von der humanen Fähigkeit Panofskys zu einer unerschöpflichen Zuwendung, weniger Aufschluss jedoch über die eigentliche Statur des Wissenschaftlers oder über das geistige Universum, über das er verfügte. Von der gewaltigen Gedankenarbeit, die *Early Netherlandish Painting* getragen und ermöglicht hat, ist bis auf zahlreiche Seufzer und Detailfragen kaum etwas in Briefe eingeflossen. Über die Rezensionen seines *opus maius* bemerkt er, es habe Zustimmung und Ablehnung erfahren, so sei er frei zu wählen. Auch methodische Reflexionen sind in den Briefen kaum zu finden. Auffällig aber ist doch, dass entgegen dem oft zitierten arabischen Grundsatz, wonach »Reflexion über Methoden deren Anwendung« verhindere, doch eigentümliche Konstanten auftauchen.

Was bewegt Panofsky beispielsweise dazu, sich immer wieder, besonders in späteren Jahren, für einen »Eklektikus« auszugeben?[17] Giehlow, oder auch Richard Förster, Riegl, Warburg, Saxl sind immer wieder die Vorläufer, die ihm in der Ikonographie vorangeschritten seien, und sie hätten das methodische Erbe geschaffen, das in das 20. Jahrhundert hinein gerettet werden sollte. Nur weil man diese Vorläufer in Amerika nicht kenne, halte man ihn für einen Pionier der Ikonographie.[18] Er ist beleidigt, dass Neumeyer ihn als bloßen Ikonographen hinstellt.[19] Der Eklektiker, so gewinnt man den Eindruck, strebt im Grunde nach einer Synthese, in die alle methodischen Möglichkeiten eingebracht sein können. Es ist, als verfolge Panofsky eine methodische Monophobie. Vöge leistet ihm mit seinem *Jörg Syrlin der Ältere und seine Bildwerke* (1950) das Ideal einer »totalen Kunstgeschichte«.[20] An Wolfgang Schöne lobt er die »reinen ästhetischen Kriterien«, die man gegen die bloße warburgische Beachtung der Inhalte reaktivieren müsse,[21] »to synthezise, as far as possible, an iconographical approach with the analysis of pure form«.[22]

Dem entspricht, dass er der Galerie der Vorläufer und Vorbilder fast jedes Mal hinzufügt: »aber auch Wölfflin«.[23] Mit *Early Netherlandish Painting*, für welches Buch sich schon Ende 1949 »die Fußnoten z.T. bakteriengleich zu kleinen Aufsätzen verselbständigen«,[24] konnte er wohl ein solches Werk »totaler Kunstgeschichte« geleistet sehen,[25] während in der Fachöffentlichkeit *Gothic & Scholasticism* wegen der zur Geistesgeschichte hingetriebenen Formanalyse die größte Aufmerksamkeit erregte. Briefpartner können ihn durchaus auch zu kleinen Essays über alte und neue Themen verleiten, so etwa über den Paragone,[26] zur Perspektive,[27] zu Schönheitsbegriffen,[28] zum Protestantismus und dessen Folgen für die Kunst,[29] zur abstrakten Malerei mit neuem Material zum leidigen *sublimus/sublimis*-Problem,[30] zu den »America«-Personifikationen[31] und immer wieder zu Poussin, insbesondere zu dessen »Apoll und Daphne«,[32] oder auch zur eigenen verfrühten Reaktion auf Wölfflins *Grundbegriffe.*[33]

Man tut der Korrespondenz, wie sie hier vorliegt, nicht unrecht, wenn man sagt, dass sie nur an seltenen Stellen über das hinausgeht, was von Panofsky gedruckt bereits vorlag. Wirtschafts- oder sozialgeschichtliche Einblicke werden mit dem Briefpartner Meyer Schapiro erörtert[34] und gelten als relevant, wenn sie sich werkimmanent auswirken;[35] in *Early Netherlandish Painting* sind sie als Spannungsfeld von High and Low grundlegend.[36] Die Fragen nach einem

Nationalstil, die für Panofsky von Beginn an aktuell waren, werden für das Dürerbuch relativiert.[37]

## *Pour le Mérite*

Die Bände finden ein eher bedrückendes Ende durch die überflüssige Ausbreitung der Vorgänge um die Überreichung des Ordens Pour le Mérite im Zentralinstitut für Kunstgeschichte in München durch den Historiker Percy Ernst Schramm. Es ist nicht leicht, sich ein klares Urteil über den Grad der Peinlichkeit der Ereignisse zu bilden. Gerda Panofsky hat in ihren *Addenda et Corrigenda*[38] die Abläufe aus ihrer Sicht plausibel ergänzt und korrigiert. Sie hat ausführlich dargelegt, wie Panofsky von der Rolle Schramms bei der Übergabe des Ordens überrumpelt worden ist. In Wuttkes Kommentaren waren die Vorgänge etwas entschärft, und er hat dem letzten Band die Dankesrede Panofskys als CD beigegeben.

Aus den Briefen, wie sie hier vorliegen, geht hervor, dass Panofsky in späteren Jahren eine mildere Einschätzung gegenüber nationalsozialistischen Kollegen hatte. Weil er überzeugt war, dass der Nationalsozialismus von den gefühlsbestimmten Mittelklassen getragen war,[39] müssten eigentlich die universitären Mandarine entlastet sein. Er hat am Ende auch gegenüber Hermann Giesau an die aufgekündigte Freundschaft wieder angeknüpft. Es ist Panofsky sicher verborgen geblieben, dass er von seinem Schüler Niels von Holst, als dem vielleicht strammsten Nationalsozialisten des Fachs, in freundlichen Briefkontakt gezogen worden war. Und obwohl Heckscher Heydenreich für einen Nazi hielt,[40] sieht Panofsky in ihm ein herausragendes Beispiel dafür, dass »Deutsche, wenn sie nett sind, eigentlich die nettesten Menschen sind, die es gibt«; zudem erinnere er ihn immer wieder an Hamburg.[41] Anlässlich des Bekanntwerdens einer jüngst im Zentralinstitut für Kunstgeschichte in München aufgefundenen Fassung von Panofskys Habilitationsschrift wurde das Verhältnis Heydenreichs zu seinem Lehrer erneut kontrovers diskutiert.[42]

Nach einem geradezu dramatischen Briefwechsel mit Kurt Bauch hält Panofsky sich am Ende »über alles Ressentiment gegen die Nazis und ihr Regime längst heraus«[43] und wollte selbst das Urteil über den »Schwindler« Heidegger auf sich beruhen lassen.[44] Es seien unter jungen Leuten »immer noch die Deutschen [...], die unsre nächsten Freunde sind«.[45] Schramm, den Freund aus Hamburger Zeiten, wegen seines »Kriegstagebuchs« für das Oberkommando der Wehrmacht einen »Thukydides Hitlers« zu nennen, verkennt eigentlich beide Historiker. Trotzdem ist durchaus nachvollziehbar, dass es Panofsky äußerst zuwider war, von der Hand eines zwielichtigen Ordenskanzlers eine höchste staatliche, also grundsätzlich unbelastete Auszeichnung in Empfang nehmen zu müssen.

Eine eigene Würdigung käme dem Herausgeber zu. Die *Addenda und Corrigenda* von Gerda Panofsky, aber auch von Hermann Hipp,[46] oder auch alle Curiosa und Eigenheiten, die sich in die Anmerkungen zu den 7000 Seiten eingeschlichen haben, können nicht die Bewunderung für die editorische Gesamtleistung verdecken: Jeder Name, auch der geläufigste, wird biographisch erläutert; die zahllosen Sachverhalte, die in den Briefen angesprochen sind, werden nach Möglichkeit aus der gegenwärtigen Forschungslage heraus erklärt. Auch wenn man nach wie vor die veröffentlichten Werke Panofskys als vorrangige Lektüre ansehen muss, liegt doch für das Fach hiermit ein zeitgeschichtlicher Rahmen zum Leben und Wirken eines ihrer Größten vor. Gerda Panofsky hat für Wuttkes Arbeit, trotz aller Einzelfehler, die richtigen Worte gefunden: Nach ihr ist die Edition »eine geradezu gigantische Leistung. Die Identifizierung der in den Briefen angedeuteten Publikationen, Vorträge, Ausstellungen usw. sowie der genannten Personen stellt einen ungeheuren und brauchbaren Apparat dar, die edierte *Korrespondenz* ist eine Fundgrube, ein Nachschlagewerk, vielmehr eine Enzyklopädie des 20. Jahrhunderts!«

1 Dieter Wuttke (Hg.): *Erwin Panofsky: Korrespondenz 1910 bis 1968. Eine kommentierte Auswahl in fünf Bänden*. Bd. 1: Korrespondenz 1910–36. Bd. 2: 1937–49. Bd. 3: 1950–56. Bd. 4: 1957–61. Bd. 5: 1962–68. Wiesbaden 2001–2011, V, S. XII.
2 II, 179.
3 V, 29.
4 IV, 1055.
5 IV, 222.
6 III, 924f.
7 V, 1061.
8 II, 1076; II, 1102.
9 III, 181.
10 IV, 276.
11 IV, 34; III, 876.
12 IV, 131.
13 II, 739.
14 II, 43.
15 II, 724; weitere Details im Kommentar V, 1136, Anm. 4.
16 II, 720.
17 Z.B. IV, 358f.; V, 93; 632; 652; 735.
18 III, 860.
19 III, 847.
20 III, 94, Anm. 5.
21 III, 655ff.
22 III, 767.
23 V, 632; 652; 735.
24 II, 1122.
25 III, 783ff.; 831ff.
26 II, 635f.; 1084.
27 III, 135f.; 375; 651ff.; 759.

28 III, 150ff.
29 IV, 622ff.; 957ff.
30 IV, 956f. u.ö.
31 IV, 974; 1022ff.; 1036f.
32 IV, 690ff.
33 IV, 396; 680ff.
34 II, 74; III, 191ff.; 199ff.
35 IV, 46.
36 Vgl. II, 878; III, 127f.; 407; 530ff.; IV, 46.
37 III, 775f.; 848; 921.
38 In: Kunsttexte.de 4/2011-1, http://edoc.hu-berlin.de/kunsttexte/2011-4/panofsky-gerda-2/PDF/panofsky.pdf.
39 III, 895f.
40 V, 1118, Anm. 4.
41 IV, 1096; 1115.
42 Vgl. das Interview mit Gerda Panofsky und den Bericht von Julia Voß in der *Frankfurter Allgemeinen Zeitung* vom 31.8.2012, sowie die Texte von Kia Vahland und Willibald Sauerländer in der *Süddeutschen Zeitung* am 4.9. respektive 6.9.2012.
43 V, 809f.
44 III, 223; IV, 270.
45 V, 603.
46 In: *Zeitschrift des Vereins für Hamburgische Geschichte* 88, 2002, 301–306; 90, 2004, 313–319; 93, 2007, 306–311.

# Aufklärung gegen Andacht – Laudatio zum Goethepreis

Mit Sir Ernst H. Gombrich ist erstmals ein Kunsthistoriker Träger des Goethepreises geworden. Bevor wir jedoch sagen, das Fach fühle sich durch diese Auszeichnung mitgeehrt, müßten wir den Verdacht ausräumen, Ernst Gombrich könne ausgezeichnet worden sein, obwohl er Kunsthistoriker ist und weil er längst über die Fachgrenzen hinausgewachsen ist. Denn er hat philosophische, germanistische und psychologische Kongresse eingeleitet; er hat unter anderen den Wittgenstein-, den Erasmus- und den Hegelpreis erhalten; er hat über Jahrzehnte Philosophen, Wissenschaftstheoretiker und Psychologen angeregt, und er versteht von Musil und Literatur mindestens soviel wie von der Kunst.

Wir haben bei großen Vertretern unseres Faches jenen merkwürdigen späten Zweifel, ob die bildende Kunst wirklich einen letzten Sinn geben kann, so bei Heinrich Wölfflin, der sich 1920 eingestand, »daß die Kunstwerke ›der Güter höchste‹ nicht sind«, und so bei Ernst Gombrich, der Kollegen, die ihn nach den Sammlungen und Baudenkmälern, die er im Urlaub anzusehen gedenke, den Bescheid gibt, er besuche lieber die Natur und betreibe lieber Kuh- als Kunstbetrachtung. Gombrich pflegt sorgfältig die einfache Sprache, auch dies eine Tugend, die in der Wissenschaft nicht immer als angemessen gilt. Er hat ja eine Weltgeschichte für Kinder geschrieben – mit dem Erfolg, daß Erwachsene sie millionenfach verschlungen haben. Die Einfachheit und die Direktheit, die den wissenschaftlichen und intellektuellen Habitus von Ernst Gombrich prägen, legen es nahe, deutlich zu sagen, was an dieser Ehrung mit dem Goethepreis erfreuen und auch bedrücken kann.

Ernst Gombrich ist in Wien geboren, aufgewachsen und hat dort studiert und promoviert. Er ist, noch vor dem sogenannten Anschluß Österreichs, 1936 nach London gegangen, wohin ihm seine Frau und 1939 auch seine Eltern in die Emigration folgten. Als Ernst Gombrich promovierte, gab es in Deutschland und Österreich schätzungsweise tausend festangestellte Kunsthistoriker, die in Denkmalämtern, Museen, Universitäten oder Auslandsinstituten tätig waren. Dazu kamen die freiberuflich im Kunsthandel, an Zeitungen oder in Verlagen beschäftigten Kunsthistoriker. Man weiß jetzt, daß nach 1933 etwa 250 promovierte Kunsthistoriker emigriert sind, so daß im Verhältnis zu den angestellten Kunsthistorikern etwa ein Viertel dieses Berufsstandes den deutschsprachigen Raum verlassen hat.

Ernst Gombrich kam damals in London sogleich an die Kulturwissenschaftliche Bibliothek Warburg, die 1933 von Hamburg nach London verbracht worden war, wobei übrigens die zuständige Hamburger Behörde selbst vorgeschlagen hatte, den Transport der 60000 Bände nach London als eine Fernleihe für drei Jahre auszugeben. Gombrich ist von 1959 bis 1976 Direktor dieser zu Weltruhm gelangten Forschungsstätte gewesen. Im Jahre 1970 hat er die intellektuelle Biographie ihres Begründers, Aby Warburg, veröffentlicht, deren deutsche Übersetzung 1981 hier eine Warburg-Renaissance eingeleitet hat. Mit dieser Biographie und zugleich mit einer stattlichen Folge anderer gewichtiger Bücher von Gombrich wurde erst im letzten Jahrzehnt auch das qualitative Gewicht jener Emigrationswelle bewußt. Die späte Aufmerksamkeit wurde durch die übersetzten Bücher von emigrierten Gelehrten wie Erwin Panofsky, Edgar Wind, Rudolf Wittkower, Nikolaus Pevsner, Horst Janson, Richard Krautheimer oder

Julius Held fast zu einer Wiedervereinnahmung. Allein mit der Hamburger Gruppe um Panofsky, Wind, Fritz Saxl, Gertrud Bing, Charles de Tolnay, William Heckscher, Walter Horn, Adolf Katzenellenbogen, Hugo Buchthal, Helen Rosenau oder Erna Mandowsky und der Bibliothek Warburg ist zugleich ein ganzer methodischer Ansatz mit emigriert.

Auch aus Wien ging eine ähnlich starke Gruppe, etwa vierzig an der Zahl, ins Exil: Neben Gombrich seien genannt Ernst Kris, Hilde und Otto Kurz, Gustav Glück, Otto Benesch, Frederick Antal, Hans und Erika Tietze, Otto Pächt, Emil Kaufmann, Ludwig Münz, Johannes Wilde, Wilhelm Suida, Betty Kurth, Ludwig Goldscheider, Bruno Fürst oder Fritz Grossmann. So könnte man von Stadt zu Stadt fortfahren, für Frankfurt Georg Swarzensky, Arthur Kauffmann, Hermann Gundersheimer, Edgar Breitenbach, Erna Auerbach, Edmund Schilling, Guido Schoenberger oder Ida Posen nennen; für Berlin Max J. Friedlaender, den emeritierten Adolph Goldschmidt, Werner Weisbach, Kurt Badt, Alfred Neumeyer, Siegfried Kracauer, Jakob Rosenberg, Kurt Weitzmann, Oskar Fischel, Hans Huth oder Kurt Glaser, oder für Mainz Anna Seghers, die soeben noch ihre Dissertation über Rembrandt und die Juden fertiggestellt hatte.

Die meisten dieser Namen haben erst später in der Emigration Glanz gewonnen. Aber für die geringen Chancen jüdischer Wissenschaftler in der Weimarer Republik ist es trotzdem aufschlußreich, daß unter der Masse der emigrierten jüdischen Kunsthistoriker nur drei Ordinarien gewesen sind. An diesem Sachverhalt ändert sich, aus unterschiedlichen Gründen, auch in der Zeit nach 1945 nichts: Von all den emigrierten Kunsthistorikern ist ein einziger wieder auf einen klassischen Lehrstuhl an einer deutschen Universität gelangt: Otto Georg von Simson in Berlin.

Während man die quantitative Bilanz des Aderlasses, den der Nationalsozialismus an einem kleinen Fach bewirkt hat, einigermaßen überblicken kann, ist es schwieriger, eine qualitative Bilanz zu ziehen. Bei dem Versuch, es dennoch zu tun, werde ich kaum ohne jene Verfahrensweise auskommen, die Ernst Gombrich am meisten gefürchtet, gegeißelt und bekämpft hat: die Verallgemeinerung. Ich zahle ihm heim, daß er uns den Hegel auf den Volksgeist, Jacob Burckhardt auf den Historizismus, Wölfflin auf den Begriffsglauben reduziert hat – indem ich auch ihn reduziere. Gombrich hat oft gesagt, und dies gegenüber Didier Eribon noch kürzlich wieder bekräftigt: »Ich bin ein Rationalist.« Von dieser Selbsteinschätzung aus läßt sich, so glaube ich, eine Gesamteinschätzung dessen vornehmen, was durch die kunstwissenschaftliche Emigration im geistigen Haushalt der Deutschen aus dem Gleichgewicht gekommen ist.

Ein Rationalist hat nach einem Verständnis von Kunst, das uns geläufig ist, nichts zu suchen in den Gefilden, die den Musen und Künsten geweiht sind. Das ist nicht immer so gewesen im Lande Lessings oder Lichtenbergs, doch es ist hier einmal verordnet worden. Am 27. November 1936 erging vom Propagandaminister Goebbels der Erlaß, fortan sei nicht mehr von Kunstkritik, sondern nur noch von Kunstbericht oder Kunstbetrachtung zu reden. Das Kunst- und Kulturverständnis, das sich als Kunstkritik äußerte, wurde verbannt; auf den Thron gehoben wurde ein Kunstverständnis, das den Bericht und die Betrachtung pflegt.

Was mit dieser Namensänderung festgeschrieben werden sollte, war nicht schon eine nazistische Errungenschaft, sondern ein ästhetisches Verhalten, das durchaus ehrwürdige Wurzeln in der Vergangenheit hatte. Die Kunstbetrachtung meint eine unbefangene, unbeschwerte, ehrfürchtige Aufnahme künstlerischer Angebote; die Betrachtung überläßt das Auge passiv dem gegebenen Eindruck; das Auge nimmt naiv wahr und gibt den Eindruck als einen meditativen Auftrag an das empfängliche Gemüt weiter. Dieser rezeptive Ablauf setzt voraus, daß dem Auge nur positive, nur angenehme Eindrücke übermittelt werden; daß die künstlerischen Gegenstände, die für eine Würdigung in Betracht kommen, positiv besetzte, einnehmende, unverschattete Gegenstände sind. Die Kunstbetrachtung erwartet ein Kunsterlebnis, das störungsfrei, aufbauend, affirmativ ist; dem strahlenden Auge gebührt nur eine strahlende Welt.

Diese kontemplative Kunstaufnahme kann sich berufen auf eine sehr alte Metaphorik und philosophische Tradition, die bei Goethe vielleicht die schönsten Beschreibungen gefunden hat. »Das Auge war vor allem anderen das Organ, womit ich die Welt faßte«, diese Einsicht, die Goethe 1813 an Zelter übermittelt, zeigt die Bedeutung, die er diesem Organ beimaß. Die berühmte Xenie, die er auch im Entwurf einer Farbenlehre verwendet: »Wär nicht das Auge sonnenhaft / Die Sonne könnt es nie erblicken; / Läg nicht in uns des Gottes eigene Kraft, / Wie könnt uns Göttliches entzücken?« – diese Xenie verweist ausdrücklich auf die platonische Herkunft, wie auch jener Satz aus dem Entwurf zur Farbenlehre: »und so bildet sich das Auge am Licht fürs Licht, damit das innere Licht dem äußeren entgegentrete«. Gewiß: Jener zum Sehen geborene und zum Schauen bestellte Lynkeus späht in *Tiefer Nacht* in eine verbrannte Landschaft hinein, in der Mangel, Schuld, Sorge und Not hausen. Doch sein Türmerlied enthält jene Zeilen, die in unsern Alben und Kommerzheften aus dem nächtlichen Zusammenhang herausgenommen sind und deshalb ihre Aussage jeder Bierseligkeit ausliefern: »Ihr glücklichen Augen, / Was je ihr gesehn, / Es sei, wie es wolle, / Es war doch so schön!« Dieses trotzige Hinwegsehen – »Es sei wie es wolle / Es war doch so schön!« – wurde vom geflügelten Wort zu einem weltanschaulichen Programm. Goethe selbst hat das alte Auge Gottes auf sich bezogen, als er eines der ersten Augenselbstbildnisse zeichnete: sein eigenes rechtes Auge allein am Himmel, als Sonne ausstrahlend; er gab es als Vignette seinen »Beyträgen zur Optik« von 1791 bei. In der Meinung der Nachwelt verkörperte dieses Goethesche Auge die Sonnenseite des Lebens; kein Schatten sollte das Verhältnis des Goetheschen Auges zur Welt trüben. Der Dichter und Künstler war ein göttlicher Seher, dem sich die Welt – und sei sie, wie sie wolle – zu einer reinen Augenweide gestaltete.

Diese optimistische und andächtige Kunsterfahrung jedoch ist immer wieder in Frage gestellt und angegriffen worden. Denn grundsätzlich gab es eine Skepsis und einen Vorbehalt gegenüber Bildern, die über das Auge auf Geist und Gefühl wirken. In der Bilderverbannung Platos; in dem alttestamentlichen Bilderverbot; in der christlichen Furcht vor der Eindrucksmacht der heidnischen Idole; in der mittelalterlichen Anprangerung einer *concupiscentia oculi*; in der apotropäischen Bannung der Monster und Chimären; in der lutherischen Polemik gegen den Bilderkult der katholischen Kirche; in der bürgerlichen Askese gegen aristokratischen Sinnenluxus; in dem aufklärerischen ästhetischen Räsonnement gegen volksnahe Bilderandacht – in all diesen überlieferten Formen der Kunstskepsis war mitenthalten die Forderung nach einer urteilsfähigen, kontrollierten, mündigen, jedenfalls kritischen Augentätigkeit. Kunstkritik ist die Wahrnahme dieser Schutzpflicht vor ästhetischer Verführung. Der aufklärerische Impuls vertrug sich durchaus mit einer Faszination durch die visuellen Reizangebote der Künstler, wenn er sie nicht überhaupt besonders ausgeprägt voraussetzte. Immer aber gibt sich dieser Impuls rationale Rechenschaft, denn er hält es mit Cézanne, dem die Kunst das ist, »was unsere Augen denken«.

Dieses rationale, visuelle Denkvermögen hatte in der deutschen Kunstwissenschaft ein, wenn nicht selbstverständliches, so doch anerkanntes Daseinsrecht, bis es mit den 250 emigrierten Kollegen, zu denen man ja für diese Bilanz noch eine mindestens so bedeutende Zahl von modernen Künstlern hinzurechnen muß, aus dem deutschsprachigen Raum so gut wie ausgetrieben wurde. Ernst Gombrich aber nimmt einen sehr eigentümlichen, hervorragenden Platz auf dieser Traditionsseite unseres Faches ein. Schon seine frühe Beschäftigung mit der Karikatur hat einen randständigen Gegenstand wissenschaftlich nobilitiert, und daß es zusammen mit dem Freud-Schüler Ernst Kris mit psychologischer Grundlegung geschah, hat dem deformierenden, das Auge verführenden und warnenden Metier der Karikatur eine neue Aufmerksamkeit beschert. Die bedenklichen Möglichkeiten der Bildwirkung werden überraschend angedeutet in einem Passus jener Analyse nationalsozialistischer Propaganda, die Gombrich sechs Jahre lang für den englischen Geheimdienst abhören und zusammenfassen mußte. Er kommt darauf zu sprechen, daß Goebbels immer neue Tatsachen beizubringen wußte, die das Vorurteil eines englischen Minderwertigkeitskomplexes belegen sollten, und folgert: »Ein gewissenhafter Propagandist, der die einlaufenden Nachrichten sorgfältig nach geeignetem Material durchsucht, wird fast immer etwas finden, was er in das verlangte Schema einpassen kann. – In diesem wie in manchen anderen Punkten ist die Schwarzkunst der Hetzpropaganda technisch gar nicht so weit entfernt von den Methoden, mit denen die wahre Kunst operiert. In meinem Buch über *Kunst und Illusion* habe ich zu zeigen versucht, daß der Künstler gewisse Formen anwendet, die ich Schemata genannt habe, und daß er seine Umwelt nach Motiven absucht, die sich seinem vorgegebenen Vokabular anpassen lassen.«

Solche provokativen Analogien unterhöhlen das naive Vertrauen in die Selbstauslegungsfähigkeit des Auges. Ein jahrzehntelanger enger und freundschaftlicher Austausch mit dem Philosophen Sir Karl Popper hat neben den Anregungen aus Gestalt- und Wahrnehmungspsychologie, aber auch aus der biologischen Verhaltensforschung, Gombrich befähigt, die eingefahrenen kunstwissenschaftlichen Methoden und das ausgestanzte kunstgeschichtliche Material immer wieder solchen Bewährungsproben auszusetzen, in denen sie sich immer neuen Fragen aussetzen mußten. Die Geschichte der Kunst ist bei Gombrich eine Folge von Setzungen, von Schemata, von Konventionen und Übereinkünften, in denen Bedürfnisse und Probleme der Menschen vorübergehend eine Lösung gefunden haben, die jedoch immer wieder von neuen Anforderungen und Bedürfnissen, von innovativen Anstößen angegriffen, korrigiert, in Frage gestellt, falsifiziert wurden.

Versuch und Irrtum, Hypothesenbildung und deren Revision ist das innerste Movens der künstlerischen Entwicklung, das immer wieder festgerastete Wahrnehmungsmuster überholt. In dem berühmten, in alle Kultursprachen übersetzten Buch *Kunst und Illusion* von 1959 ist in Übereinstimmung mit neuesten Erkenntnissen der Psychologie die visuelle Wahrnehmung selbst nach der Popperschen Wissenschaftstheorie entfaltet: Wahrnehmung gilt als hypothetische Setzung, die so lange in Geltung bleibt, wie sie von neuen Anregungen und Vorschlägen überholt wird. Das Auge erscheint, nicht anders als der Verstand, als ein ständig überprüfendes, revidierendes, falsifizierendes Organ, dessen Tätigkeit eine kritische Tätigkeit ist, das immer wieder neu Probleme löst und stellt. Wenn Goethe sagt: »Was wir nicht gesehen haben, gehört uns nicht«, dann vertraut er darauf, daß erst das Auge uns eine Denkmöglichkeit verschafft. Dem steht skeptisch gegenüber Gombrichs

Auffassung, wonach wir nur sehen, was wir wissen oder wissend erwarten, und deshalb das Auge nicht eine letzte Instanz sein kann, weil es durch bewußte und unbewußte Vorgaben gesteuert ist. Jedes Kunstwerk ist das Ergebnis einer Situation, in der ein logischer Ablauf von Prüfung und Setzung, von Vermutung und empirischer Überprüfung, von rationalen und irrationalen Voraussetzungen, von versuchsweisen Annahmen, von Bedürfnissen und Möglichkeiten, von technischem Können und kreativen Antrieben zu einem vorläufigen Abschluß, zu einer zeitweise gültigen Vollkommenheit gelangen kann.

Das Lebenswerk Ernst Gombrichs ist hier zitiert, symbolisch für eine Umgangsform mit Kunst und visueller Kultur, die in vielfacher Facettierung durch die Gesamtheit der in die Emigration gezwungenen Kunsthistoriker verkörpert war. In dieser Umgangsform ist im ästhetischen Erlebnis, wie in jeder Reaktion auf visuelle Medien, das mündige kritische Denken und Urteilen nicht ausgeblendet und beruhigt, sondern herausgefordert. Jeder darf an sich und anderen allabendlich beobachten, inwiefern diese kritische Umgangsform, diese kritische Sehfähigkeit bei uns schon wieder heimisch oder noch nachzuholen ist. Die Verleihung des Goethepreises an Sir Ernst Gombrich hat jedenfalls das richtige Signal gesetzt.

# Kunst und Fortschritt – Ein Dilemma

Seit den fünfziger Jahren ist die einfach geschriebene und klar gegliederte *Geschichte der Kunst* von Ernst H. Gombrich, die insgesamt dreizehn Auflagen und fünfzehn Übersetzungen erlebt hat, weit verbreitet. Die breite Wirkung ergibt sich nicht nur aus der Universalität dieses Gelehrten, der 1936 eine *Weltgeschichte von der Urzeit bis zur Gegenwart* für Kinder verfaßte, der sich über Lessing, Grillparzer oder Freud sowie über zahllose kunstwissenschaftliche Spezialprobleme seit der Renaissance kompetent äußern konnte. Vielmehr ist es die theoretische Bildung, die Gombrich befähigt, einfache Fragen zu stellen und gegenüber einem enormen Wissen durchzuhalten.

Der weitgespannte Horizont der »Wiener Schule«, bei der er von 1928 bis 1933 kunsthistorisch ausgebildet wurde, erlaubte es Gombrich, über Ernst Kris mit dem Kreis um Sigmund Freud in Verbindung zu treten. Dann ist für Gombrich, der 1936 nach England ging, die Freundschaft mit Karl Popper wichtig geworden: durch ihn gelangte erstmals eine ausgebildete moderne sozialwissenschaftliche Theorie in die Kunstwissenschaft, ohne daß diese es eigentlich zur Kenntnis genommen hätte.

Auch das Thema des jetzt vorliegenden Bändchens ist ein Poppersches Thema, denn in der Verbindung von *Kunst und Fortschritt* liegt das ganze »Elend des Historizismus« beschlossen, in dem, scheinbar zwangsläufig, alles Gegebene und Gewordene auf ein Endziel hin instrumentalisiert wird.

Gombrich untersucht die Wandlung und Wirkung zweier Aspekte des Glaubens an den künstlerischen Fortschritt. Der eine – der »Primitivismus« – ist durch die Fähigkeit bezeichnet, ursprüngliche und authentische Wahrheit gerade an primitiven, entwicklungsgeschichtlich frühen Kunstwerken zu erfahren. Diese Fähigkeit ist ebensowenig selbstverständich wie der »Modernismus«, der Drang, im gegenwärtigen Kunstangebot nur das »Neueste«, Morgige, Avantgardistische gelten zu lassen. Den geschichtlichen Ursprung jener »primitivistischen« Fähigkeit entdeckt Gombrich bei Winckelmann. Hatte man jahrhundertelang die Entwicklung der Kunst als einen organischen Kreislauf gesehen, der jeder Blüte einen Verfall folgen ließ, so hat Winckelmann die Antike zur gültigen, überzeitlichen Wahrheitsnorm erhoben. Damit war der Ansatz gegeben zu dem Urteilsschema, das im Früheren zugleich das Unverfälschte sieht. Die Romantiker, die man bisher als Urheber jener rückwärtsgewandten Aufnahmefähigkeit ansah, haben dann lediglich die antiken Kunstprodukte durch mittelalterliche ersetzt, so daß noch heute ein Kunstgegenstand um so attraktiver sein kann, je älter und »primitiver« er ist.

Friedrich Schlegel empfiehlt gar den Künstlern seiner Zeit, »ganz und gar den alten Malern zu folgen, besonders den ältesten, und das einzige Rechte und Naive so treulich nachzubilden, bis es dem Äug und Geiste zur anderen Natur geworden wäre«. Demgegenüber vertrat Schinkel, als er 1816 die chronologisch geordnete Sammlung der Altdeutschen bei den Gebrüdern Boisserée sah, eine Gegenposition, wenn er bemerkt, daß die alten Gemälde »eine ganze Welt aufschließen, nicht wie andere Gipfelmeisterstücke eine ganze Welt abschließen, und man steht vor ihnen mit frischer Kraft, angeregt für das, was noch sein soll in dieser Welt«. Jener fordert die Rückverwandlung, dieser vor dem gleichen Phänomen die Handlungsanweisung für ein zukünftiges Entwicklungsziel. Beide sind bestimmt von jenem epochalen Prozeß, den Reinhart Koselleck als die »Verzeitlichung des Fortschrittsbegriffes« analysiert hat, worin der

Fortschritt aus der Theologie auf die Geschichte übertragen und zu einem gesellschaftlichen Ziel- und Handlungsbegriff umgewandelt wurde.

Wenn die geschichtliche Überlieferung auf ein innerweltliches Endziel bezogen ist, dann erfährt sich die Handlung in der Gegenwart ebenfalls als einen momentanen Akt, der seinen Sinn allenfalls von einem hinausgeschobenen Zukunftsziel her definieren kann. Der zweite von Gombrich untersuchte Fortschrittsaspekt, der immer nur das »Neue« würdigende »Modernismus«, ergibt sich aus einem Bewußtsein, das Vollendung nicht schon als gegeben, sondern als offene, noch zu entwickelnde Kategorie ansieht.

Gombrich glaubt, hier seien auf dem Gebiet der Künste optimistische Suggestionen wirksam geworden, wie sie von den Fortschritten der Technik, der Wissenschaft und von der Werbung nahegelegt werden. Da diese neuerdings zweifelhaft geworden seien, gelte es, die Künste aus jener Zwangsbeziehung zu lösen und auf dauerhafte humane Werte zu verpflichten.

Man möchte Gombrich zustimmen, wenn er vor den fragwürdig gewordenen Errungenschaften der technischen Zivilisation den Mut fordert, »jeweils nach der Legitimation des Fortschrittsbegriffs zu fragen«. Ob aber Stopp-Parolen für die Kunst den gleichen Effekt ergeben, muß man bezweifeln. In der ästhetischen Kategorie des Neuen ist auch das Bedürfnis nach alternativen Erfahrungen und Pespektiven enthalten, die diskutier- und revisionsfähig zu halten für den Kunstkritiker wichtiger wäre, als sie auf vorgeblich feste Grundsätze zurückzubinden.

# Georg Schmidt – Kunst im Museum

Georg Schmidt ist wahrscheinlich sehr vielen Menschen bekannt, ohne daß sie es wissen. Sein Name ist im Trommelwirbel für oder gegen die moderne Kunst nicht zum Signal einer Tendenz geworden. Unauffälliger und eindringlicher hat er auf eine Weise gewirkt, die sich nicht ins Rampenlicht drängte, die aber entscheidenden Einfluß darauf hatte, daß sich im Nachkriegsdeutschland das Verhältnis zur modernen Kunst normalisieren konnte. Sein Verantwortungsgefühl und seine pädagogische Intelligenz haben sich bewußt jener Sparte verlegerischer Produktion bedient, welche die leichten und bunten Bücherborde unzähliger kunstinteressierter Laien füllt. Populären Kunstreihen, wie dem »Silbernen Quell«, den Bändchen der Piper-Bücherei, den Reproduktionsmappen des Hohlbein-Verlags, aber auch Reclams Werkmonographien hat Georg Schmidt die kurzen und prägnanten Einführungen geschrieben, in denen manch einer gefunden haben mag, was er in marktschreierischen Publikationen vergeblich suchte: wie moderne Kunst Genuß und Erkenntnis vermitteln, Bewusstsein schärfen und aktuelle Probleme artikulieren kann. Die erlesene Auswahl der Abbildungen und die gestochen klare Einleitung, wie Georg Schmidt sie für die »Blauen Bücher« geliefert hat, sind mit das Beste, was man ungeniert als ersten Anstoß zu einer ernsthaften Auseinandersetzung mit der modernen Kunst empfehlen kann. In Basel, wo er das im Dritten Reich Verfemte und Verschleuderte gesammelt hatte, hat Georg Schmidt als hochverdienter Direktor der Kunstsammlung deren Bestände nicht wie ein Verwalter unseres schlechten Gewissens präsentiert, sondern in vorbildlich didaktischen

Ausstellungen immer wieder zum erneuten Verständnis angeboten. Was er in den Katalogtexten solch wichtiger und weitgereisten Ausstellungen wie der über »Das naive Bild der Welt« oder der Berliner Schlemmer-Ausstellung dargelegt hat, kann nicht ohne Wirkung geblieben sein.

Daß er von der Kunstgeschichte zunächst abkam, über Bachofens Geschichtsphilosophie promovierte, im linken Fahrwasser trieb, daß er dann fast zwanzig Jahre lang Kunstkritiker an der Basler *National-Zeitung* war, das alles hat Georg Schmidt später, als er wohlbestallter Museumsdirektor in Basel und schließlich Lehrstuhlinhaber an der Münchner Akademie wurde, nicht wie Jugendsünden verdrängt. Vielmehr sind diese Erfahrungen die bestimmenden Faktoren seiner Tätigkeit und seines Denkens geblieben. Praktisch äußerte sich dies in dem kunstpädagogischen Elan, in dem Interesse für jene konkrete Form der Kunstproduktion, das Kunsthandwerk, in seiner Zuneigung zum Werkbundgedanken und in seiner Beziehung zu Mondrian. Theoretisch hat es zu einer blitzgescheiten, weittragenden und vom kunstwissenschaftlichen Liniendenken nur allzugern unterschlagenen Erkenntnis geführt: daß Wölfflin der grundsätzliche Antipode seines Lehrers Jacob Burckhardt, nicht aber dessen legitimer Erbverwalter ist; daß das bloße Interesse an der Formgeschichte hinter jenen universalen Anspruch zurückfällt, der das Kunstwerk aus seiner Verantwortung gegenüber der realen Geschichte nicht entlassen will. Diese ketzerische Einsicht ist es im Grunde, die Georg Schmidt innerhalb der Fachwelt isolieren mußte: »Wer sich im Westen die Frage nach der soziologischen Bedingtheit der Kunst zu stellen wagt, macht sich des ›Materialismus‹ verdächtig. Darum bin ich lebenslänglich kunsthistorischer Außenseiter geblieben.«

Wie konsequent Georg Schmidt seine theoretische Position bis in scheinbare Gelegenheitsarbeiten festgehalten hat und wie wenig sie den Vorwurf des Relativismus verdient, lehrt in eindrucksvoller Weise die Sammlung seiner Aufsätze, die mehr enthält, als der etwas handwerklich klingende Titel – *Umgang mit Kunst* – des Buches verrät. In den Beiträgen zur »Kunstgeschichtlichen Begriffsbildung« dominiert weniger die kunstsoziologische Komponente als der beharrliche Versuch, den Realismusbegriff gegenüber dem Naturalismusbegriff zu rehabilitieren. Da ein Realismus nicht auf die Abbildung der Wirklichkeit beschränkt ist, sondern die Erschließung innerer Wahrheit mitumfaßt, bleibt er für Georg Schmidt ein Begriff, der auch noch die neueste Kunst definieren kann. Die begriffliche Konstruktion dient ihm eher als ein didaktisches Mittel, und deshalb scheut Georg Schmidt auch nicht ein zuweilen etwas pedantisches Vorgehen. Es verblaßt dann ganz in den Analysen zur Kunst des neunzehnten Jahrhunderts, die im zweiten Abschnitt des Buches zu lesen sind. Die größte Eindringlichkeit erreicht Schmidt da, wo er behutsam und souverän einzelne Künstler charakterisiert und in den zeitgeschichtlichen Zusammenhang stellt. Die Essays über Liebermann, Munch und Cézanne und dann, im Abschnitt über die Kunst des zwanzigsten Jahrhunderts, die Porträts von Picasso, Mondrian, Arp, Klee, Chagall und Schlemmer sind Musterbeispiele einer konzentrierten, lebendigen Künstlerwürdigung, die sich auch – wie im Falle Klees, Mondrians und Schlemmers – aus persönlicher Freundschaft und Bekanntschaft nährt.

Diese persönliche Nähe mag auch bewirkt haben, daß in Schmidts Darstellung der Kunst des zwanzigsten Jahrhunderts die soziologischen Beziehungen so gut wie ganz zurücktreten. Doch immer bleibt in seinen Texten gegenwärtig, daß auch die neueste Kunst auf geistige Probleme der neuesten Zeit antwortet, daß sie ein unentbehrliches Orientierungsmittel in den Erschütterungen und Gefährdungen unserer Gegenwart darstellt. Im vierten Abschnitt, »Mensch und Kunst nach 1945«, sind die persönlichsten Erfahrungen mitgeteilt: die weise und differenzierte Summe eines Lebens, das den Dienst an der Kunst als einen Erziehungsauftrag auffaßte, ohne sie je zu mißbrauchen, und stets in der selbstquälerischen Hoffnung, ihre Kunst möchte die wirkliche Welt werden. Kunst hat er nie als eine Flucht in den Feiertag erlebt, sondern stets als Ausdruck einer Not, in deren Überwindung Kunst ihr Ziel gefunden hätte: »Im Realen überwundene Not ist kein Anlaß zum künstlerischen Schaffen mehr.« Georg Schmidt war nicht bereit, die Anlässe des künstlerischen Schaffens beim Kunstgenuß zu vergessen, sie dem Selbstbetrug zu opfern.

# Heinrich Klotz – Ein Nachruf

Heinrich Klotz ist der Öffentlichkeit und vielleicht auch den meisten Fachkollegen nur als der ausgreifende, rastlose Macher bekannt, der es immer wieder geschafft hat, neuen Ideen eine institutionelle Form zu geben. Zunächst aber war Heinrich Klotz ein Kunsthistoriker, ein inspirierter Wissenschaftler und Lehrer, und für ihn selbst und für seinen Freundeskreis ist er dies bis zuletzt geblieben. Er fing als Mediaevist an, promovierte 1963 bei Heinz Rudolf Rosemann über den Ostbau der Stiftskirche zu Wimpfen im Tal, den er dem jungen Erwin von Steinbach zuschrieb. Zeitlebens begriff er Architektur, wie er es in Göttingen gelernt hatte, auch von den Details her, in denen er die »Handschrift« eines Architekten zu erkennen suchte. Er war nach der Promotion zwei Jahre Stipendiat am Kunsthistorischen Institut in Florenz, wo er das Material für ein Corpus der gotischen Architektur in der Toskana zusammentrug, ein gewaltiges Projekt, das nie zu Ende kommen konnte, das aber Klotz immer gegenwärtig war, so daß er daraus noch in seinen letzten Büchern über die deutsche Kunst zitieren und abbilden konnte. Seitdem war und blieb Klotz wohl einer der leidenschaftlichsten Architekturfotografen unter den Kunsthistorikern. Aus der Florentiner Arbeit entstand die Habilitationsschrift, die 1968 ebenfalls in Göttingen vorgelegt wurde, über die Frühwerke Brunelleschis und die mittelalterliche Tradition, die die vielfältige Verwurzlung dieses Neuerers in der Trecento-Architektur aufgezeigt hat.

Die zwei Jahre von 1969 bis 1971, die er an amerikanischen Universitäten lehrte, haben ihm die Impulse gegeben, die ihn in Deutschland unverwechselbar machen sollten. Im

Fach Kunstgeschichte war es gerade akzeptabel geworden, daß man auch die moderne Kunst beachtete. Heinrich Klotz hat als einer der ersten Kunsthistoriker auch die Architektur der Gegenwart rezipiert und noch in Amerika 1973 jene *Conversations with Architects* zusammen mit John W. Cook herausgebracht, die ein Jahr später unter dem Titel *Architektur im Widerspruch* in Deutschland Namen wie Louis Kahn, Robert Venturi, Charles Moore, dann auch Charles Stirling mit prägenden Folgen für manches städtische Architekturambiente vertraut gemacht haben. Er war Gründer und Herausgeber der Zeitschrift *Architectura*, in der Geschichte und Gegenwart gleichermaßen präsent waren. 1972 ist Heinrich Klotz nach Marburg berufen worden, wo er die Modernisierung nicht nur des großen und bewährten Forschungsinstruments des Bildarchivs Foto Marburg eingeleitet hat, sondern wo er auch maßgeblich an neuen denkmalpflegerischen Konzepten und Initiativen für die Altstadt Marburgs und den hessischen Raum insgesamt beteiligt war. Charakteristisch war sein Bestreben, neu und alt zusammenzuführen, auf eine Kontinuität des Schöpferischen zu setzen. Noch von Marburg aus betrieb er zusammen mit Peter Iden und Hilmar Hoffmann die Gründung eines Museums für Moderne Kunst und Architektur, eine Initiative, die nach mühevollen und zähen politischen und publizistischen Aktivitäten doch jenes Museumsufer hervorgebracht hat, das aus Frankfurt am Main fast eine Kulturmetropole gemacht hätte. Das erste Architekturmuseum Deutschlands war eine Pionierleistung, und Heinrich Klotz hat es selbst seit 1979 geleitet und unermüdlich unschätzbare Bestände aus Architekturbüros der ganzen Welt herbeigeschafft, wobei ihm zahlreiche persönliche Kontakte zu Architekten zugute kamen. Die Fähigkeit, Konzepte und Visionen nicht nur anschaulich darzustellen, sondern ihnen auch Gestalt zu geben, hat ihm das Vertrauen hochmögender Politiker eingetragen, die ihm schließlich das risikoreichste, weil ganz auf die Zukunft setzende, das größte Kunstunternehmen seit Gründung der Kunstgewerbemuseen zur Verwirklichung anvertrauten: Seit 1989 baute er in Karlsruhe das Zentrum für Kunst- und Medientechnologie auf und errichtete zugleich eine Hochschule für Gestaltung. Hier sollten Kunst und Technik, »der Steinway-Flügel und die Videoinstallation«, zusammenfinden und die Bauhaus-Idee mit neuen Mitteln in die Zukunft tragen. Wenn er dem Verbund seit 1998 auch ein »Sammlermuseum« eingliedern wollte, dann in dem Vertrauen darauf, daß Kreativität auf einem Feld solche auf anderen Feldern hervorruft.

Wer Heinrich Klotz näher kannte, konnte beobachten, daß er die ganze Geschäftigkeit des Betriebes nicht hätte durchhalten können, wenn er nicht immer wieder die alten Denkmäler in aller Welt hätte aufsuchen und konzentriert sich hätte aneignen dürfen. In zahlreichen Publikationen hat sich dieses Bedürfnis nach Anschauung niedergeschlagen, zuletzt in seiner Geschichte der deutschen Kunst im Mittelalter und in seinem kleinen Renaissancebuch. Die Öffentlichkeit pflegt erst aufzuhorchen, wenn griffige Schlagworte angeboten werden: Die »röhrenden Hirsche der Architektur«, das »Pathos des Funktionalismus«, das »integrierende Bauen« und vor allem die »Zweite Moderne« sind solche von Heinrich Klotz geprägten Begriffe. Es wäre schade, wenn sie alle Seherfahrungen und Wahrnehmungen übertönten, welche diese sensible Persönlichkeit und dieser begeisterte Forscher zwischen den Zeilen mitzuteilen und durch seine sprachliche Begabung in Worte zu fassen vermochte.

# Anschauliches Denken
# Werner Hofmann

Das Schreiben und das Ausstellen, das Denken und das Zeigen von Werner Hofmann beobachten das Verhalten der Kunst während des Zusammenbruchs eines allgemein gültigen Sinnsystems. Was tun Kunst und Künstler, wenn ihre Inhalte, die Werte und Normen, die sie stützen, plötzlich hinfällig geworden sind?

Das wichtigste Beobachtungsfeld ist das Europa der Revolutionen um 1800, als ein soziales, religiöses, ideologisches Gebäude einstürzte und die Künstler aus einem wohlbehüteten Netz von Privilegien und Staatsaufträgen ausschieden. Im Strudel des Unterganges bildet sich die Struktur der Moderne heraus, deren Grunderfahrung von unausweichlicher Geschichtlichkeit, Verzeitlichung und von radikaler Verdiesseitigung geprägt ist.

Obwohl immer Zweifeln ausgesetzt, seit der Reformation zusätzlich durch Wortgläubigkeit verunsichert, waren doch die Bilder in der Alten Gesellschaft nützliche und unentbehrliche Bestandteile des gesellschaftlichen Verkehrs. Als das schützende Dach von zünftigen Satzungen und höfischen Patronanzen wegbrach, verblieb den Künstlern nur ein Apparat unbrauchbarer Formen und Formeln.

Was seither unter dem Namen Kunst in Erscheinung trat, war etwas grundsätzlich anderes als das, was dem *Ancien régime* gedient hatte. Nutzlos geworden, wandelte sich die Künstlerexistenz von einem handwerklichen Beruf zu einer inneren Berufung, die nur den Künstler selbst antrieb und anging. Die Einsamkeit, in die die Künstler geraten waren, bot zugleich die Freiheit und die Chance zu einer Neubegründung der Kunst aus der Subjektivität.

Die Kunst trat in einen abgeschirmten Raum zurück, von dem aus sie nicht mehr auf Geselligkeit und Verbindlichkeit gegenüber ihren Bestellern und Betrachtern aus war; ihre Sprache konnte nicht mehr die allgemein verständliche sein. Aus der Abwehr gegen die fremden Sinnvorgaben verselbständigte die Kunst allmählich ganz ihre Mittel gegenüber den von außen vorgegebenen Bedeutungen.

Im Gefolge dieser Entwicklungen trat ein Gelehrtentypus auf, der sich als Vermittler zwischen der Kunst und dem ihr entfremdeten Publikum anbot. Der Kunstgelehrte nutzt die aufgerissene Kluft und unterbreitet den nunmehr zu Laien erklärten Kunstliebhabern Deutungshilfen, welche den Rückzug der Künstler in die Hermetik, in die Wahrheit aus Einsamkeit, zurückzunehmen suchen.

Die sprachlos gewordene Kunst erhält durch die deutende Sprache der Kunstgelehrten einen Inhalt, der sie wieder verständlich macht und in eine alltägliche Erfahrung zurückführt. Der deutende Kunstgelehrte oder Kunstkritiker liefert das, was früher die inhaltlichen Themen, die ikonographischen Motive geleistet hatten: eine Brücke zu den geltenden Interessen und Interessenten. So wird das moderne Kunstwerk mehr und mehr ein Erzeugnis, zu dem die Kunstkenner denjenigen Anteil nachleisten, den in alter Kunst die literarischen Themen und Motive darstellten. Die Kommentarbedürftigkeit der modernen Kunst erzeugt den Kommentator, der ihr die Zugänglichkeit und Verständlichkeit zurückgibt; für das Publikum wird er zu einer Art Mitkünstler, der den scheinbar leeren Formen erst die nachvollziehbaren Inhalte gibt.

»Das Verfahren des Buches«, so heißt es in der Einleitung zum klassischen Hauptwerk *Das irdische Paradies*, »ist in mancher Hinsicht ein künstlerisches, denn es bedient sich, in entscheidenden Situationen, letztlich immer wieder des Brückenschlages der Intuition, um übersehene Bildinhalte oder Zusammenhänge geistesgeschichtlicher Art sichtbar werden zu lassen«. Wer die zwölf Sphären, die dieses Buch ausleuchtet, durchgegangen ist und die sorgfältig in Stufen untergliederten Paradiese und Panoramen, Himmel und Höllen, all die Wunschräume und Wunschzeiten großer Menschen und elender Kreaturen durchschritten hat, der weiß, daß er ein Kunstwerk aus Kunstwerken erlebt hat. In diesem Meisterwerk sind die Ideen und Hoffnungen, die Freuden und Leiden, die Projekte und Utopien eines Jahrhunderts nicht nur protokolliert, sondern zu einem kunstvollen, vielschichtigen Erlebnisraum anschaulichen Denkens gefügt. Man könnte schließen, die Darmstädter Akademie habe geirrt, als sie die Werke von Werner Hofmann als wissenschaftliche Prosawerke und nicht als sprachliche Kunstwerke eingestuft hat.

Die kunstwissenschaftliche Prosa hat ihren preiswürdigen Rang erreicht, wo sie ein Komplement des Kunstwerks bietet, wo sie dem Leser das sichtbare Gebilde nicht mit Worten ausschmückt, sondern wo sie ihm einen Sinn mitteilt, der das Kunstwerk ikonologisch lesbar, also einem diskursiven Interessenshorizont zugänglich macht.

Eine Sprache dieser Qualität leistet jedoch nicht nur beflissene Deutungsarbeit am Kunstwerk. Ich frage mich, ob es in den vergangenen Nachkriegsjahrzehnten der gewaltigen politischen Blöcke, der kalten Kriege, der ideologischen Zwangssysteme eine intellektuelle Überlebenstechnik war, endgültige Schlüsse, begriffliche Verfestigung, gestanzte Schemata und systematische Sicherungen wie in panischer Angst zu meiden. Der sprachliche Habitus, der sich zwischen den Sprachblöcken und -regelwerken am Leben erhält, sucht in jeder Bestimmung eine Gegenbestimmung, setzt jeden Geltungsanspruch einer dialektischen

Verflüssigung aus, die keine stehenden Positionen, keine unverrückbare Ganzheit verträgt. Wer im Jahre 1960 unter einer Kapitelüberschrift »Kunst ohne Rückhalt« folgende Beschreibung von Jacques-Louis Davids Gemälde mit dem toten Marat von 1793 gelesen hat, der besaß für sein Leben einen Schlüssel zu diesem Bild und war doch zugleich in einem Grundgefühl der Jahre um 1960 angesprochen, denn da wurde ein Hauptwerk klassizistischen Stilgebarens unversehens zu einem Zerfallsprodukt:

»Die ganze Endgültigkeit des unbetreuten Sterbens ist in dem schlaffen Arm, [...] der scheinbar aus dem Bild heraushängt. So nahe ist dieser Tod gesehen, daß seine Nähe in unheimliche Ferne umschlägt [...]. Die Antithese von Körper und Leere ist so instrumentiert, daß ein Wort den zentralen Gehalt des Bildes zusammenfaßt: Abgeschnittenheit. Abgeschnitten ist die Lebensader dieses Menschen, abgeschnitten sein Leichnam von der Umwelt: Die kahle Glätte des Hintergrundes fällt schneidend wie ein Fallbeil nieder. Die enge Badewanne ist sein Sarg. Abschnitt, Ausschnitt ist das Bild selbst – Sinnbild der Stückhaftigkeit. Symbol gnadenloser Diesseitigkeit.«

Wo immer in dieser Beschreibung etwas zusammenkommt, wo immer ein Gesamteindruck sich herstellt, wo Stringenz nahegelegt ist, dort geschieht es unter dem Zeichen des Zerfalls, der Abgeschnittenheit, der Zerstückelung, der Kontingenz.

Das nervöse Zurückzucken vor dem geschlossenen Begriff, vor dem abgerundeten, harmonisierten Gebilde; die Vorliebe, die Leidenschaft für das Gebrochene, Verzerrte, Offene hat uns ganze Epochen, nicht nur das 19. Jahrhundert, sondern etwa auch den Manierismus, neu erschlossen, gedeutet und vor allem auch gezeigt in unvergeßlichen Schauen, die immer selbst offene Veranstaltungen, dialektische Vexierbilder waren.

Vielleicht wird man jenen eigentümlichen Denk- und Sprachstil, der immer in dem Einen auch das Andere, in der Ganzheit die Gebrochenheit, im Gesunden die Verletztheit, im Gesicherten das zu Sichernde mitsieht, zu den symbolischen Abwehrreaktionen in einem Zeitalter totalitärer Verblockungen zu rechnen haben.

Ich glaube, es gibt kaum Preiswürdigeres von einer kunstwissenschaftlichen Sprache zu sagen als dies, daß sie der Kunst einen angemessenen Gehalt gibt und daß sie zugleich in ihrer Zeit ein Organ geistiger Unabhängigkeit ist.

# Erfahrungen eines Jahrhunderts – Arnold Hauser

Daß Arnold Hauser noch lebte, werden viele erst bei der Nachricht seines Todes erfahren haben. Er kam nicht zu großen Auftritten, über seine Biographie ist wenig bekannt, Fotos von ihm sind kaum erreichbar. Dieser rein literarischen Präsenz entspricht eine merkwürdige Flüssigkeit seines Werkes. Er hat keine unverrückbaren Fundamente gelegt, kein zündendes Stichwort geliefert und kein System ausgefeilt, sondern er hat aufgenommen, verarbeitet und verfügbar gemacht. In seinem Hauptwerk sind Erfahrungen eines ganzen Jahrhunderts gesammelt: Zu Beginn des Jahrhunderts hat Hauser die entscheidenden Impulse empfangen und genau in seiner Mitte, als Sechzigjähriger, die zweibändige *Sozialgeschichte der Kunst und Literatur* (1951) vorgelegt, von der der Achtzigjährige sich noch sagen konnte, daß dergleichen in den verbleibenden Jahrzehnten des Jahrhunderts kaum wieder geschrieben werden könne.

Daß es zu dem wagemutigen Überblick über die sozialhistorischen Grundlagen der Kunst und Literatur von vorgeschichtlicher Zeit bis zur Gegenwart kommen konnte, hat Hauser selbst damit erklärt, daß er in den zwanziger Jahren in Wien Propagandachef einer Filmgesellschaft gewesen ist. Da ihm durch den Film eine neue Kunstepoche eingeleitet schien, konnte ihm die Entwicklung der traditionellen Gattungen – Kunst und Literatur – als abgeschlossen und überschaubar erscheinen. Sein Buch schließt »im Zeichen des Films« mit der Mahnung, diese Kunst nicht zu simplifizieren, um den Massen verständlich zu werden, sondern die

Massen zu befähigen, eine differenzierte ästhetische Urteilsfähigkeit zu erwerben.

Diese moralische Forderung weist darauf hin, daß Hauser die grundlegenden Anregungen aus reformistischen, in Ansätzen auch schon marxistischen Tendenzen des Jahrhundertbeginns empfangen hat. Der geborene Ungar und Philosophiestudent war zwischen 1916 und 1918 Mitglied des Budapester »Sonntagskreises«, den der Dichter Béla Balázs, der übrigens durch ein Buch über den Film, bekannt wurde, gegründet hatte. Dem Freundeskreis, dem die moralische Revolution wichtiger war als die soziale, gehörten auch Karl Mannheim und Georg Lukács und als Kunsthistoriker Johannes Wilde, Frederick Antal und Karl Tolnay an. Antal wird später mit seinem Buch über die frühe florentinische Malerei eine der ehrgeizigsten und materialreichsten kunstsoziologischen Untersuchungen vorlegen, während Tolnay das vielbändige, expressionstisch-geistesgeschichtlich interpretierende Monumentalwerk über Michelangelo ausarbeiten wird.

Aus dieser Herkunft erklärt sich eines der irritierenden Kennzeichen von Hausers Sozialgeschichte der Kunst: daß die historisch materialistischen und die geistes- sowie ausdruckgeschichtlichen Deutungen immer ineinanderfließen und sich ganz undogmatisch gegenseitig helfen, wo sie in Not geraten. Nach einer Promotion, 1918 in Budapest, und nach dem Sturz der Räterepublik nimmt Hauser 1921 in Berlin das Studium bei Ernst Troeltsch und Adolph Goldschmidt auf, in denen sich ihm die sozial- und kunstgeschichtlichen Spezialdisziplinen nebeneinanderstellten. Daß sie zusammenkommen konnten, verdankt er der »Wiener Schule«, in deren Bann er 1924 nach seiner Übersiedlung nach Wien geriet. Hier hatte Max Dvořak gelehrt, Kunstwerke als Ausdrucksträger und Dokumente der Ideen- und Geistesgeschichte zu sehen. Daß Dvořak eine »Kunstgeschichte ohne Kunstwerke« für denkbar hielt, ist eine der Grundvoraussetzungen dafür, daß die leitenden Ideen von Hausers Sozialgeschichte der Kunst sich gegen die Überfülle der Kunstwerke durchsetzen konnten.

Hauser war also nicht nur mit Filmmaterialien ausgerüstet, als er auf Anregung Karl Mannheims, mit dem er 1938 nach England emigrieren mußte, zwischen 1940 und 1950 die *Sozialgeschichte der Kunst und Literatur* schrieb. Ursprünglich war die Arbeit als Einleitung für eine Textsammlung zur Kunstsoziologie gedacht, doch wuchs sie im Laufe der Jahre zu dem Buch aus, das selbst eine Art Lesebuch geworden ist. Ungemein flüssig, geistreich und brillant geschrieben, in kühnen Brückenschlägen über alle Abgründe des Nicht-Wißbaren und der Lücken hinweggehend, werden doch den wenigen verfügbaren Vorarbeiten aus der wissenschaftlichen Literatur so viele Informationen entnommen, daß das Buch auch ein Nachschlagewerk ist. Von der Fachwissenschaft aufmerksam, aber kühl zur Kenntnis genommen, lag das Buch in alle Weltsprachen übersetzt vor, als Ende der sechziger Jahre die Geisteswissenschaften stürmisch mit der Frage nach der geschichtlichen und sozialen Relevanz ihrer Gegenstände konfrontiert wurden. Das Buch wurde zu einem Vademecum nicht allein für Studenten, die nicht mehr nur Verse und Falten miteinander verrechnen wollten. Selbst denjenigen, die sich den neuen Anforderungen zu entziehen suchten, wurde das Werk nützlich, da der Verweis auf seine Unzulänglichkeiten vom ganzen Frageansatz dispensieren konnte.

Aus heutiger Sicht überrascht, daß das Buch noch ohne theoretische Erörterungen, ohne programmatische Einleitung auskam. Hauser hat sie anhand des vorgeführten Stoffes später nachgeliefert. Zunächst in einer *Philosophie der Kunstgeschichte* (1958), in der die kunstwissenschaftlichen Methoden kritisch aufgearbeitet werden. Dort formulierte er auch ein persönliches methodologisches Konzept, wonach der Antrieb künstlerischer Entwicklungen sich aus der Spannung zwischen individuellen, spontanen Ausdrucksbedürfnissen und objektiv vorgegebenen Konventionen ergibt. Ursprünglich wollte er es exemplarisch an einer Epoche erproben, und er hat selbst bedauert, daß ihm sein monumentales Werk über den Manierismus (1964) dann doch zu einem historischen, episch ausgefalteten Panorama geriet. Zugleich wollte Hauser eine damals in Mode gekommene Sicht, die im Manierismus den »Ursprung der modernen Kunst und Literatur« gegeben fand, sozialgeschichtlich begründen und ließ hierfür den modernen Kapitalismus mit allen sozialen, psychischen und künstlerischen Folgeerscheinungen im 16. Jahrhundert beginnen.

Der Verzicht auf Theorie in der *Sozialgeschichte der Kunst und Literatur* hätte die Kunstsoziologie zu ihrem Material hinführen, ihr Instrumentarium hätte sich in der interpretatorischen Praxis bewähren und schärfen lassen können. Inzwischen ist offenkundig, daß die Entwicklung anders verlaufen ist und die Kunstsoziologie sich in einer Theoriediskussion erschöpft, die Postulate und Programme zu Bergen türmt. Hauser selbst hat diese Entwicklung gefördert. Seine systematisch angelegte, umfangreiche *Soziologie der Kunst* (1974) ist in fast tragischer Weise ein Kompendium aller theoretischen und praktischen Aporien, denen sich die Kunstsoziologie ausgesetzt findet. Die Schlingen und Zirkel kunstsoziologischer Theorie sind hier so glänzend formuliert, daß alle Spielarten des Für und Wider diesem Werk die treffendsten Argumente entnehmen können. Bleiben wird sein Hauptwerk schon deshalb, weil nichts Vergleichbares zur Hand ist. Der »Hauser« wird gewiß noch lange in den Bücherregalen stehen, als Symbol eines Erkenntnis- und Informationsbedürfnisses, das noch niemand befriedigen konnte, wenn er es nicht befriedigt hat.

# *Rom. Schicksal einer Stadt*
## Richard Krautheimer

Unter bedeutenden Kunsthistorikern gibt es immer solche, die ihre Persönlichkeit so eng mit einer vertrauten Sache verbunden haben, daß man diese nicht mehr ohne sie zu würdigen weiß. Richard Krautheimer, der am Dienstag im Alter von 97 Jahren in Rom gestorben ist, gehört zu diesem Gelehrtentypus. Große Felder der Kunstgeschichte kann und mag man fast nur noch mit seinen Augen sehen. Das gilt zum Beispiel für Lorenzo Ghiberti, dem er 1956 mit seiner Frau Trude eine Monographie gewidmet hat und den er als einen Künstler schildert, der an der Zeitenwende zwischen Mittelalter und Neuzeit keine heroische und parteiliche Pose einnimmt, sondern im Vertrauen auf sein Können das Altüberkommene mit dem Neuen und Revolutionären versöhnt.

Noch umfassender konnte Krautheimer uns zu seiner Sicht des frühchristlichen und mittelalterlichen Rom bekehren. Die Erscheinungsformen und Wandlungen des christlichen und mittelalterlichen Rom, das nun nicht mehr nur das Rom der deutschen Kaiser war, sind aus den Schichten materieller Überreste einer Stadt erschlossen. Aus der Vertrautheit mit allen Gassen und Winkeln einer Stadt ist die Erzählung ihres Schicksals entwickelt. *Rome – Profile of a City* (1980) ist das Alterswerk, das das Jahrtausend von 312 bis 1308 umfaßt. Es konnte zu einem Welterfolg werden, weil es auf einer Lebensleistung aufgebaut war. Krautheimer hatte eine fünfzigjährige grabende, aufmessende, rekonstruierende, archivalisch erschließende Arbeit an den Kirchen Roms hinter sich. Sie führte 1937 zu einem ersten und schließlich 1977 zu dem fünften Band des monumentalen *Corpus Basilicarum Christianorum Roma*. 1965 ist es zu einer bald in einer zweiten Auflage erneuerten Gesamtbilanz über die frühchristliche und byzantinische Achitektur im Rahmen der Pelican History of Art gekommen, ein unentbehrliches Fachbuch, das sich dann im Rombuch in die ganze Vielfalt der Stadtgeschichte ausweitete.

Krautheimers wissenschaftliche Energie strebte über das Mittelalter hinaus, auch wenn von dem Gesamtprojekt nur noch das Buch über das barocke Rom Alexanders VII. veröffentlicht werden konnte. Daß der Leser dieser Bücher sich zugleich von einer Persönlichkeit geleitet und begleitet fühlt, liegt daran, daß sich nirgends abstrakte Begriffe über die Sachen legen, sondern ein Sinn für politische, religionsgeschichtliche, funktionale und wirtschaftliche Gegebenheiten und Möglichkeiten die Darstellung bestimmt.

Unter den durch den Nationalsozialismus in die Emigration gezwungenen zweihundertfünfzig promovierten Kunsthistorikern nimmt Richard Krautheimer einen vordersten Rang ein. Gewiß: Er hat in Amerika keine neue Methode eingeführt, er hat keine Institution aus dem Boden gestampft oder umgekrempelt, und er hat auch keinen Einfluß auf aktuelle Bewegungen in der Kunst- oder Architekturszene genommen. Doch er war um so mehr ein bedeutender Lehrer, zunächst an entlegenen Colleges, dann aber, seit 1952, am zentralen Institute of Fine Arts in New York. Immer wieder gelang es ihm, Schüler in seine römischen Projekte einzubeziehen, denn er hat in Amerika am hartnäckigsten an der Einheit von Forschung und Lehre festgehalten.

Richard Krautheimer bezeichnet in einem sehr selbstkritischen Rückblick auf seine Biographie in der deutschen Ausgabe einer Auswahl seiner Aufsätze sein Leben als glücklich. Diese Selbsteinschätzung hatte sich zu behaupten gegen schwerste Schicksalsschläge. Er war noch zwei Jahre im Ersten Weltkrieg »in Dreck und Blut« gestanden, bevor er zunächst Jura, dann unter dem Eindruck Wölfflins Kunstgeschichte studierte. Über Berlin gelangte er nach Halle, wo er bei Paul Frankl über die Bettelordenskirchen in Deutschland seine Dissertation anfertigte. Als er nach ausgiebigen Reisen und Forschungen an einen Ordinarius wegen einer Habilitation herantrat, fragte ihn dieser: »Sind Sie eigentlich noch Jude, Herr Doktor?« »Jawohl, Herr Geheimrat.« »Das ließe sich doch wohl ändern?« »Nein, Herr Geheimrat.« Allein Richard Hamann in Marburg scherte sich darum nicht und habilitierte ihn aufgrund einer Arbeit über die mittelalterlichen Synagogen. Mit Karl Löwith war Krautheimer in Marburg nach 1933 für kurze Zeit der einzige jüdische Dozent. Über Italien ging er 1935 mit seiner Frau in die Vereinigten Staaten; beider Familien kamen in den Gaskammern um.

Seit 1971 wohnte Krautheimer im Gebäude der Bibliotheca Hertziana in Rom. Vierundzwanzig Jahrgänge an Stipendiaten, Forschern und Kollegen aus Deutschland haben ihn dort noch erlebt, immer offen, zuhörend, neugierig, aufgeschlossen, fragend, zugeneigt. Der weit über Neunzigjährige, der immer in der Vergangenheit geforscht hatte, wollte von den jungen Leuten wissen, »wie sich diese neue, für mich doch seltsame Welt des Jahres 2000 in ihren Köpfen malt«.

# Meister des Wiedererkennens
# Meyer Shapiro

Von Max Horkheimer hatte der junge New Yorker Kunsthistoriker Meyer Schapiro in den dreißiger Jahren den Auftrag erhalten, er solle Walter Benjamin in Frankreich dringend dazu überreden, in die Vereinigten Staaten zu emigrieren. In Paris angekommen, rief Meyer Schapiro Benjamin an, um ihn zu treffen, und fragte ihn, wie er ihn erkennen könne. »Sie erkennen mich sofort, aber ich stecke auch eine Zeitung in meine Manteltasche.« Und tatsächlich erkannte er ihn sofort, ohne auf die Zeitung zu achten. Wenn Meyer Schapiro diese unscheinbare Episode erzählte, pflegte er hier abzubrechen, und niemand wagte danach zu fragen, was denn nach dieser gelungenen Erkennung weiter verhandelt worden sei. Denn in der Pointe des unverhofften Wiedererkennens war alles schon enthalten. Es schien sich darin sogar zu erschöpfen.

Am 3. März ist der Kunsthistoriker Meyer Schapiro im Alter von einundneunzig Jahren in New York gestorben. Er war ein Meister des Wiedererkennens auch in der Kunstgeschichte. Man könnte sagen, er habe die Pointe seiner Benjamin-Anekdote wissenschaftsfähig gemacht. In der romanischen Plastik und Buchmalerei, die man bis dahin ganz im Dienst kirchlicher Dogmen gesehen hatte, erkannte er lauter skurrile und sonderliche Unwesen. Ihre Abweichungen von der stilistischen Norm wußte er als Regungen eines profanen humanen Eigenwillens zu deuten.

Auch in seinem zweiten großen Forschungsgebiet, auf dem Feld der Modernen Kunst, das er als einer der ersten zum Bestandteil der akademischen Kunsthistorie machte, hat er immer wieder gefunden, was dort angeblich nie gesucht und gewollt wurde. Während man allenthalben lesen konnte, daß der Realist Gustave Courbet das Leben unmittelbar in seine Bilder hinübergenommen habe, wies Meyer Schapiro nach, daß er höchst vermittelt und umwegig operierte.

Statt auf die Realität zu blicken, habe Courbet populäre Magazine und Bilderhefte nach Motiven durchstöbert und diese Funde in seinen programmatischen Realismus integriert. Und während allenthalben zu lesen war, daß Cézanne alle Inhalte ausgeschaltet habe, um bedeutungsfreien Formstrukturen Raum zu geben, wies Meyer Schapiro nach, daß bei diesem vermeintlich formbesessenen Künstler sogar noch die unschuldigsten Äpfel voller Tradition und Bedeutung steckten. Als wir noch alle von dem Erdgeruch und Erdgeraune Martin Heideggers über das Schuhwerk van Goghs wie benommen waren, versetzte uns Meyer Schapiro unversehens in ein Labyrinth subtilster künstlerischer Rezeptionsbedingungen durch den einfachen Hinweis, daß van Gogh dem Vorbild von Millet gefolgt sei.

Meyer Schapiro war 1904 im damals russischen Litauen als Sohn jüdischer Eltern geboren worden und kam im Jahre 1907 nach New York. Dort schloß er sich in seiner Jugend der »Young People Socialist League« an. Sein ganzes Leben hindurch hat er sich, allen Anfechtungen zum Trotz, als ein »unorthodoxer Marxist« bekannt. Seine Prägung hatte er in den heftigen marxistischen Richtungsstreitigkeiten der New Yorker Intellektuellen in den dreißiger Jahren erhalten, als die Stadt einem politischen Treibhaus glich und alles Weltgeschehen auf der kleinen Stadtbühne nachgespielt wurde.

Als ihm 1985 in Hamburg der Aby Warburg-Preis verliehen wurde, geriet er mit dem Preisgeld in ein Antiquariat, in dem er zufällig auf die erste russische Ausgabe der Werke von Karl Marx stieß, die teuer genug war, um das Preisgeld im Lande zu lassen. In den vielen respektvollen, den Mann aber auch zum Arkanum stilisierenden Würdigungen, die Meyer Schapiro schon zu Lebzeiten zuteil wurden, ist gelegentlich zu lesen, die Botschaft des Sozialismus sei für ihn nichts anderes gewesen als die säkularisierte Form des Glaubens seiner jüdischen Eltern, als hätte es reale Gründe für ein sozialistisches Engagement in Amerika nicht geben können.

Das soziale Engagement Meyer Schapiros konzentrierte sich in den dreißiger Jahren auf die Emigranten aus Deutschland. Viele Intellektuelle und Gelehrte hatten es seiner rastlosen Aktivität zu danken, daß sie in den Vereinigten Staaten überhaupt eine Stellung finden konnten. Seit 1928 lehrte er an der New Yorker Columbia-Universität und erhielt 1956 den Titel eines »University Professor«, den man offenbar eigens für ihn erfunden hat. Ein Wissenschaftler wie andere ist er nie gewesen. Er steckte tief in seinem Mittelalter und lebte dabei ganz in der Gegenwart. Seine Beschreibungen der romanischen Skulpturen und Reliefs lesen sich in ihrer Betonung der abstrakten Ausdruckslinien wie Beschwörungen von ungemalten Bildern des in New York entstehenden abstrakten Expressionismus.

Selbst ein guter Zeichner und Maler, vor allem auch ein begabter Karikaturist, hat Meyer Schapiro immer den engsten Kontakt zur zeitgenössischen Kunst und zu ihren Protagonisten gehalten. Nicht wenige der Großen der New Yorker Avantgarde der Nachkriegszeit haben ihn als ihren geistigen Mentor und als tatkräftigen Förderer genannt. Viele Jahrzehnte lang war Meyer Schapiro in der intellektuellen Szene New Yorks der schlechthin unumgehbare Theoretiker und zugleich ein Kenner, ein unermüdlicher Anreger und Frager. Seine Geistesgegenwart war berühmt: Immer schien er auf der Lauer zu liegen nach einem Geistesblitz, den er dann mit großer Beharrlichkeit nach und nach zu einer Erkenntnis ausformen konnte.

# Nachweise

*In eigener Sache*

»›Ich habe von Natur aus keinen revolutionären Impuls, …‹. Gespräch zur Biographie«, zuerst als »Ich habe von Natur aus keinen revolutionären Impuls, aber kritisch würde ich mich schon nennen.«, in: *Offener Horizont. Jahrbuch der Karl Jaspers-Gesellschaft* 3 (2016), S. 399–417.

»›Ich schätze die implizite Darstellung …‹. Gespräch zum *Hofkünstler*«, bislang ungedruckt.

»Enthüllung der Verhüllung«, zuerst in: Horst Bredekamp, Michael Diers, Ruth Tesmar, Franz-Joachim Verspohl (Hg.): *Dissimulazione onesta oder Die ehrliche Verstellung. Von der Weisheit der versteckten Beunruhigung in Wort, Bild und Tat. Martin Warnke zu Ehren*, Hamburg 2007, S. 173–175. © Philo Fine Arts Stiftung & Co. KG, Hamburg.

»*Verlust der Mitte* – ein Gewinn«, zuerst in: Detlef Felken (Hg.): *Ein Buch, das mein Leben verändert hat*, München 2007, S. 444f. © C.H. Beck, München.

*Klassiker seit Vasari*

»Vater der Kunstgeschichte – Giorgio Vasari«, zuerst als »Der Vater der Kunstgeschichte. Zum 400. Todestag des Giorgio Vasari«, in: *Süddeutsche Zeitung*, 29./30.6.1974, S. 97f.

»Kunst als ›Verräterin‹ – Kaegis *Burckhardt*«, zuerst als »Das Auseinanderfallen von Wissenschaft und Kulturszene. Zur Jacob-Burckhardt-Biographie des Basler Historikers Werner Kaegi«, in: *Frankfurter Allgemeine Zeitung*, 17.10.1978, S. L10.

»Sehendes Denken – Heinrich Wölfflin«, zuerst in: *Neue Züricher Zeitung*, Nr. 16./17.7.1994, S. 57f.

»›Gebaute Kunstwissenschaft‹ – Richard Hamann«, leicht gekürzte Fassung von »Richard Hamann«, in: *Marburger Jahrbuch für Kunstwissenschaft* 20 (1981), S. 11–20.

»Gebrochenes Licht – Hans Sedlmayr«, zuerst als »Gebrochenes Licht. Zu einer Sammlung der Aufsätze Hans Sedlmayrs über moderne Kunst«, in: *Stuttgarter Zeitung*, 1.8.1964, Sonntagsbeilage, S. XVI.

*Aby Warburg*

»›Geistige Dauerheizung‹ – Die Biographie«, zuerst als »Die geistige Dauerheizung. Aby Warburgs intellektuelle Biographie von Ernst H. Gombrich«, in: *Frankfurter Allgemeine Zeitung*, 17.3.1982.

»›Ich bin wissenschaftlicher Privatbankier.‹ – Die Bibliothek« zuerst als »›Ich bin wissenschaftlicher Privatbankier, dessen Credit so gut ist wie der der Reichsbank‹ – Aby Warburg und die Warburg-Bank«, in: Karen Michels: *Aby Warburg. Im Bannkreis der Ideen*, München 2007, S. 10–20. © C.H. Beck, München.

»Vier Stichworte – Das Denken«, zuerst als »Vier Stichworte: Ikonologie – Pathosformel – Polarität und Ausgleich – Schlagbilder und Bilderfahrzeuge«, in: Werner Hofmann, Georg Syamken und Martin Warnke (Hg.): *Die Menschenrechte des Auges. Über Aby Warburg*, Frankfurt 1980, S. 53–83. © Europäische Verlagsanstalt GmbH Frankfurt a.M.

*Erwin Panofsky*

»Ein Versprengter Europäer – *Sinn und Deutung in der bildenden Kunst*«, zuerst als »Versprengter Europäer. Zu Erwin Panofskys ›Sinn und Deutung‹ in der bildenden Kunst«, in: *Die Zeit*, 22.10.1976, S. 44.

»Sprechen und Denken – Hamburger Vorlesungen«, zuerst als »Panofsky – Die Hamburger Vorlesungen«, in: Bruno Reudenbach (Hg.): *Erwin Panofsky. Beiträge des Symposiums Hamburg 1992*, Berlin 1994, S. 53–58. © De Gruyter, München.

»Dürer als Denker«, zuerst als »Dürer als Denker – Die Monographie von Erwin Panofsky«, in: *Süddeutsche Zeitung*, 4./5.2.1978, S. 104.

»Die traurige Muse«, zuerst als »Die traurige Muse. Ein grundlegendes Werk über die Melancholie«, in: *Die Zeit*, 26.4.1991, S. 3.

»Ein Lebenswerk in Briefen«, zuerst als »Ein Lebenswerk in Briefen: Erwin Panofsky. Korrespondenz. Eine kommentierte Auswahl in fünf Bänden«, in: *Kunstchronik* 65. Jahrgang, Heft 11 (2012), S. 558–562. © Zentralinstitut für Kunstgeschichte, München.

*Ernst Gombrich*

»Aufklärung gegen Andacht – Laudatio zum Goethepreis«, zuerst als »Aufklärung gegen Andacht. Der Kunsthistoriker Ernst H. Gombrich erhielt Goethepreis der Stadt Frankfurt a.M.«, in: *Die Zeit*, 2.9.1994, S. 48.

»*Kunst und Fortschritt* – Ein Dilemma«, zuerst als »Kunst und Fortschritt. Die jüngste Schrift Ernst H. Gombrichs«, in: *Frankfurter Allgemeine Zeitung*, 31.3.1979, Wochenendbeilage, S. 5.

*Kunst und Öffentlichkeit*

»Georg Schmidt – Kunst im Museum«, zuerst als »Kunst als Erziehungsauftrag. Zu den ausgewählten Schriften von Georg Schmidt«, in: *Stuttgarter Zeitung*, 31.12.1966, Sonderbeilage zum Jahreswechsel, S. 60.

»Heinrich Klotz – Ein Nachruf«, zuerst als »Heinrich Klotz«, in: *Museumskunde* Bd. 64, 2/1999, S. 109f. © Deutscher Museumsbund, Berlin.

»Anschauliches Denken –Werner Hofmann«, zuerst als »Erlebnisräume anschaulichen Denkens. Laudatio auf Werner Hofmann«, in: *Deutsche Akademie für Sprache und Dichtung. Jahrbuch 1991*, Hamburg/Zürich 1992, S. 130–136.

*Kunsthistoriker im Exil*

»Erfahrungen eines Jahrhunderts – Arnold Hauser«, zuerst in: *Frankfurter Allgemeine Zeitung*, 1.2.1978, S. 21.

»*Rom. Schicksal einer Stadt* – Richard Krautheimer«, zuerst in: *Frankfurter Allgemeine Zeitung*, 3.11.1994.

»Meister des Wiedererkennens – Meyer Shapiro«, zuerst als »Ungesuchte Funde. Zum Tod des Kunsthistorikers Meyer Schapiro«, in: *Frankfurter Allgemeine Zeitung*, 6.3.1996.

Der Abdruck der Texte folgt orthographisch den Erstveröffentlichungen. Werktitel wurden einheitlich kursiviert.

# Dank

Autor und Herausgeber danken den Mitarbeitern des Karl Jaspers-Hauses: Alexander Max Bauer, Ansgar Baumgart, Yentl-Katharina Henken, Simon Kirchmann und Philip Penew oblag die Kollationierung der Texte. Almut Siepmann besorgte die Transkription der beiden Gespräche. Und Malte Maria Unverzagt war für die Redaktion des Bandes verantwortlich.

Besonders dankbar sind wir Horst Bredekamp, der den Band durch seinen wissenschaftshistorischen wie persönlichen Essay bereichert.

Allen Inhabern an Bild- und Textrechten, die in den Nachweisen aufgeführt sind, sei an dieser Stelle gemeinsam gedankt.

Martin Warnke und Matthias Bormuth
*Hamburg / Oldenburg, im August 2017*